但 我想活

不放過

5% 的存活機會

黃博煒的截後人生

目錄｜contents

PART 2 困在醫院的212天

PART 3 不一樣的人生

PART 4 無限展開的新藍圖

【推薦序】生命無價，韌力前行

陽光基金會董事長　馬海霞

常忙於進出陽光基金會，與執行團隊一起審視服務狀況，有機會與博煒相熟，也看到博煒的韌力和努力，不向命運妥協。回想陽光基金會在燒傷意外中的社會責任——八仙塵燃事件，兩年半了，陽光仍在積極推動這些年輕傷友們所需要的多元化發展方案，看著大家與傷友們並肩努力，讓傷友們逐漸找回笑容、重新啟動他們的人生，這種滋味……好難形容，應該就是感動吧！就覺得陽光同仁再怎樣的辛苦，都是值得的！

細讀博煒寫的文稿，看他細細描寫〈跑！快跑啊！〉——在塵燃意外事故現場的種種……無法預知意外已悄然四伏、火光四起時的驚恐與鎮定、等待救援時的分秒煎熬、直到終於奔向醫院的救治路程……他的文字把現場的聲、光、氣味等等，描述得宛如重回情境，歷歷在目……把我的記憶一下拉回二〇一五年六月二十七日的當晚！那一夜，肯定是許許多多人難熬的一晚……包括陽光基金會的董事會、執行團隊——傷友們在醫院中與死神搏鬥，我們則與政府部門密切聯繫，共同承擔責任。在急性醫療結束之後，陽光基金會接棒，提供生活重建服務，只是必須同時服務三百多位大面積的燒傷者，這真的是很艱難的工程！這一棒雖然很重，陽光卻接得很穩！很牢！

在博煒的文章中，〈困在醫院的212天〉，即使它簡化了在複雜的醫療過程中，種種困難的生死關卡與搏鬥，卻很鮮明的描述自身的感受、思維，有著艱難的處境、生存壓力，以及不知道究竟是奇蹟先來？還是死亡先到？未來，究竟到不到得了……但同時，他對生命「就是想活」的執著，卻從未質疑，家人每天的探望、尊重、展現最深摯的愛，是博煒最重要的支持力！在大哭之後，帶著他直接面對他的「截後人生」！

沒有了四肢（畢竟左手傷後功能大受限制），生活中的點點滴滴都要從頭學習！基金會責無旁貸的承擔訓練的角色，〈不一樣的人生〉敘述他在臺北重建中心、以及陽光之家的點滴生活。陽光以「生活重建」為目標，與博煒一起開展他新的生活！在他的文章中，娓娓道來這兩年的歷程……從需要看護照顧，到越來越多樣的獨立自主；中心找了專家研討，意外發現左手還有部分神經傳導的功能存留，於是運用生活輔具，幫助他握住觸控筆，回到網路世界——對一個以資訊為業的工程師來說，這是他過去生活中最重要的區塊呢！然後，他勤奮的練習以右手簽名，找回了能自己行使同意權的尊嚴！隨著服務提供，博煒參加各類活動，例如到交通不便、生活不便的營地，執行自立生活訓練，與其他傷友一起參加飢餓30活動，他的視野被擴大：即使肢體缺損，仍然可以有用！仍然能夠助人！仍然對社會具有價值！他的心靈更豐盛、更開闊了！在使用電動輪椅之後，博煒的自主自由度更大了，舉凡搭乘捷運、重返校園，即使與過往有些許不同，但一想到曾經在生死間的徘徊，對於如此得來不易的「活著」，他格外珍惜！而自行如廁，更是他的重大突破！不再需要他人隨時地照顧，對於素來獨立生活與作息的他，有著重新掌握自己節奏的痛快感受！博煒細細的記錄著每一次的挑戰和突破，這也回應了這兩年來陽光的用心，和細緻性的個別化服務歷程！

在博煒重新開啟的生活步調中，他勇於挑戰，也常讓我們驚豔不已！例如接受邀約，開啟生命講師的分享；積極參與陽光為燒傷青年提出的發展性方案——參加卡內基課程，不斷向內檢視、重整自己的生命歷程；在八仙塵燃事件兩年之後，挑戰登合歡，即使是暫時性的義肢，仍要自己用雙腳走上主峰！無論大大小小的挑戰，其實都需要整個團隊在背後多次討論、訓練，以及博煒自主練習，才能累積成果；看他一次又一次的超越他自己，是一件既開心又感動的事！能如此深刻的陪伴傷友，與他們一同看見生命價值，見證他們的生命韌性，這是陽光的責任，更是陽光的榮幸和驕傲！

祝福博煒，截後人生越活越精彩！

【推薦序】改變心態，就是改變生命

卡內基訓練大中華地區負責人　黑幼龍 John Hei

此刻我好像不是在為一本書寫序。也不是在推薦一本書（雖然我是多麼希望你能繼續讀下去）。

我在思索人的生命。我在回顧我這七十多年來心路歷程。我的家人、朋友。發生在我的童年的難忘事件。還有值得感恩的際遇，及好多次幾乎無法再站起來的低潮。就以當前來說，我多麼不甘心，但又不得不步入的暮年。

好久沒有這樣沉思過了。這一切都是這本書引發的。

本書作者黃博煒是八仙樂園塵燃事件的嚴重受害者。現在還可以看到他全身灼傷的痕跡。在醫療過程中，醫生告訴他，為保全生命，他必須同意截肢。博煒詢問他的父親該怎麼辦。他父親沉痛的說：你自己決定。

博煒決定要活下來，而且要好好珍惜生命，進而影響很多人。坦誠說，我就是受影響者之一。

卡內基訓練教我們如何更積極正向的生活。例如，不要抱怨；多多盤算你的福氣，等等。但這些方法你知道，我也知道，真是說得簡單，做起來真難。但當你與博煒相遇，看到他的表情，聆聽他的輕聲細訴時，會有一種開朗的感覺。畢竟，與他的遭遇比起來，我們的困擾、打擊、挫折是多麼的不值一提。甚至會覺得，我怎麼這麼幸運！

「改變心態，就是改變生命。」有一位心理學大師曾這樣說過。我們要是能改變負面的態度，不再抱怨，將挫折視為機會的關鍵，常懷感恩的心……我們的生命真的從此不一樣了。黃博煒做到了。我們也能做到！

這本書就是幫助我們朝向新生命前進的動力。作者要是知道他的書起了這種作用，一定會開心微笑。

謝謝你，博煒！

自序

我相信這本書與您的想像一定不同。截肢不會是悲歌，而是另一個啟程。

「即使這輩子再也沒有手腳，我都要活下來！」

受傷那一年我22歲，在研華科技工作擔任工程師，我與大部分的人都一樣，很平凡，從來沒想過意外會降臨在自己身上，而且還是這麼嚴重的燒傷。一瞬間曾經所有的努力通通打回原點，我無數次的問過上天「為什麼是我？」，卻從來沒有得到回應，只能無奈的嘆氣，擦擦自己的眼淚，日子還是要繼續的過下去。

我心裡是極度不甘心的，一直以來努力的生活，努力的工作，還有那麼多的夢想還沒完成，人生才正要起飛，也好不容易稍微有一點小成就了，憑什麼就要這樣離開這個世界？如果說生命的劇本是早已擬好的，那我偏偏要改寫這一切，做我自己故事的主人。縱使沒有了手腳，我依舊要向這個世界證明、展現生命的價值與我存在的意義。

時光飛逝，不知不覺兩年多的時間過了，一回首才發現，原來發生了這麼多事啊！起初，寫這本書我是猶豫的，不是因為不願意分享我的生命故事，而是從小到大國文都是我最弱的科目，甚至可以說是吊車尾的。對我來說，寫書這件事並不容易，再加上我是理工背景出身，寫作對我真的是一件困難的事情，給自己找了許多藉口，遲遲沒有開始動筆。

可是，在幾場演講後，我發現，原來我奮鬥的故事不是只有對我自己有意義。我努力復健，拚命的恢復，想要用現在的身體找到屬於自己一套生活方式，想要減輕家人的負擔，一切的一切我本來以為，只有對我跟家人有意義，但是在幾場演講下來，我才發覺原來我的故事是可以改變、影響別人的，並且為這個社會帶來更多正向的能量。

曾經在某一場對國中生的演講上，我告訴同學，要懂得感恩、學會珍惜身邊的人。在那場演講的尾聲，我問同學：「有沒有人願意現在就到舞台前，立刻打電話給你爸爸媽媽，然後跟他們說『我愛你』的同學？」，馬上就有同學自願的到台前來，在五百人的大禮堂上打電話回家跟媽媽說：「媽媽，我愛妳」，她的媽媽突然在孩子上課時間接到電話嚇了一跳，但也馬上回應她：「媽媽也愛妳喔！」、「媽媽很愛很愛你！」，當下我內心非常的感動，我的故事似乎又多祝福了一個家庭。

做這件事對她們家有什麼影響呢？我相信這位同學與她的父母一輩子都不會忘記她們在這一天打了這通電話，可能就是這通電話，使她們的家庭關係更緊密，改變了她們的相處模式，甚至因為我的故事讓她們更珍惜彼此也說不定。

這只是一場五百人的演講，就讓他們一些人當中生命發生了轉變；透過出書，有可能讓五千人、甚至五萬人看到我的生命故事，進而感動他們、改變他們、鼓舞他們，為他們的生命帶來正能量，我覺得這是一件非常有意義的事情，也就是我要出書的目的：我黃博煒所存在的價值！

從那刻起，我決定一定要把自己的故事寫下來！

這本書總共約九萬字，每一字每一句都是我自己用觸控筆，一個字一個字敲出來的。或許我的國文造詣不好，文筆也不太好，但是這本書所有的一切，都是來自我生命中最真誠的體悟，請您細細品嚐。看看沒有手腳的「黃博煒」，能夠活得多麼精彩。

PART 1

改變一生的那晚

1. 彩虹粉末撒下之前

二〇一五年六月二十七日，這一天對我來說只是一個尋常的週末，卻發生了一輩子也挽回不了的災害。

事發前幾天，曾經一起工作的同事找我一起去參加八仙樂園的彩色派對，我想說大家也滿久沒有聚一聚了，幾年前也曾經一起去八仙樂園玩水，一直以來八仙樂園的口碑也不錯，所以覺得大家幾年後再次到同一個地方相聚，感覺一定很不錯！

當天我騎車去，到現場就發現滿滿的人潮在排隊著等待進場，我花了一些時間才找到了自己的朋友，當時他們也正在排隊等候。進場後大家的第一件事情就是把紋身貼紙貼起來，讓自己看起來更炫一些，只不過等待去廁所沾水貼的時間倒是花了滿久的。

每個人進場的時候都有領一些配件，彩粉、護目鏡、頭巾等等，但是我們老早在往活動的路上就把彩粉全部撒光了，其他許多人也是如此。所以到會場的時候，只有被撒的份。

一開始我們在舞台左後方，天色還有些亮，我們隨著音樂慢慢跳了起來，也慢慢的放開了手腳，揮灑著身上的汗水，享受這難得的悠閒時光。跳了一陣子之後，我們累了，決定先上來休息，在旁邊的椅子坐了下來，在我們面前的是一排攤販，販售各式飲料、食物，非常意外的我看到了自己的同學小黃，於是我走了過去跟他打招呼。

我：「小黃你怎麼在這邊？你也來玩哦！」

小黃：「沒有啦！打工賺錢啊，賺點外快。」

我：「這麼拚哦！那你這邊要做到幾點，能下去玩嗎？」

小黃：「晚一點吧！等這邊收了，再看要不要下去玩。」

我：「好啊！那你結束怎麼走，騎車嗎？要不要一起？」

小黃：「OK啊！要約幾點？」

我：「不然八點半好了，如果我提早走了就傳訊息給你，如果沒有出來，你就先走吧！」

小黃：「好啊！」

這是我與小黃約好的時間，八點半，我順手買了幾瓶飲料走回朋友那，坐著休息聊天。

休息了半小時左右，我們看時間還早，所以決定再下去玩一下，但是殊不知危機正一步一步的逼近。我們同伴中有人提議，想看看再前面一些聽音樂跟跳舞是什麼感覺，一定很不一樣，所以我們就手拉著手開始往舞台前方移動，前面的粉塵相對較多，所以我們頭巾與護目鏡都是戴著的，幾乎沒有拿下來，視線也跟著越來越模糊。

跳了一陣子以後，我覺得有些累了，也玩得差不多了，所以跟大家說我與同學八點半有約，大家要不要提早走呢？最後討論下來是決定再玩一下，我想說「好吧！一下下無妨」，但是我在活動會場這麼前面，一時也沒辦法出去跟小黃說我還會待一會，好在我事先有告訴小黃，如果我沒有出來，就不用等我了。

當我們又玩一陣子之後，舞台上的節目很明顯的已經接近尾聲，工作人員抱出兩大袋彩粉，準備讓氣氛high到最高點，但是此時我再次詢問大家是否要先行離場，因為考慮到有人家裡有門禁，有人需要搭乘大眾交通工具回家，若是等結束才開始去更衣、換洗，所有人都擠在那個時候的話，一定會拖到非常晚才回家。

我：「要不要提早走，等結束的時候人一定超多，你們有人會來不及回家的。」

這時候已經接近八點半左右了，但是我聽到了一個回答，我也忘記當下是誰說的了：「唉呦！難得來玩，也第一次參加這活動，不玩到最後太可惜了啦！」

我想了想，也是，她們有些才剛高中畢業，也從來沒有參與過類似的活動，難得辛苦考完試準備上大學，就好好的盡興一次吧！

殊不知一場劫難即將降臨。

「原本沒有我的票，我不會參加。」

「原本玩累了上來休息，不想繼續。」

「原本與小黃約好八點半一起離開。」

「原本提醒大家早點走，顧慮交通，擔心她們的門禁。」

一次又一次可以逃離現場的機會，卻全部錯過了，冥冥之中好像我就是逃離不了這場劫難，一切早已注定……

2. 跑！快跑啊！

「Yo！哇嗚~」

活動接近尾聲，現場的ＤＪ把氣氛炒到了最高點，現場工作人員搬出兩大麻布袋的彩粉，分別放在舞台的兩側，並且搬了兩桶鋼瓶，放在左右兩大粉堆後面，對準台下的我們，準備為今天的活動做一個精彩的結尾。當時因為我不想直接被那麼大量的彩粉直接往臉噴，即使我配戴著護目鏡及頭巾，這麼大量的彩粉迎面噴過來，依舊是非常刺鼻的，所以我轉身背對舞台。

當粉開始往下噴的時候，氣氛更嗨了，整個麻布袋的彩粉量非常非常多，我張開雙手環抱著我的朋友們，想為他們擋下一些粉塵，那一瞬間連舞台上的音樂都聽不清楚，我能聽到的是鋼瓶噴灑氣體的聲音，還有大家忘情投入的吼叫聲。突然現場整個亮了起來，像是丟了一枚閃光彈一樣，群眾聲音更大更嗨，還夾雜了一些尖叫聲。不對！這尖叫聲是怎麼回事？這完全不是興奮的聲音，這是驚恐啊！在我還來不及思考，大家都還沉浸在音樂中的時候，塵燃火災發生了！

剛發生的瞬間，如閃光彈般的亮光，我以為是舞台效果，但其實那是火勢蔓延所產生的亮光，我所待的位置是舞台的左前方，那裡不但是粉塵最濃密的地方，也是台上鋼瓶噴灑的方向，當時我眼前全部都是粉塵，幾乎遮蔽視線，能見度非常低，我只是下意識繼續保持我原本的動作，背對舞台護住我的同伴，我根本不知道發生了什麼事情，不容我思考，一兩秒後一股灼熱感襲擊全身。

慘了！這是我第一瞬間閃過的念頭，但是我依舊完全不知道發生了什麼事情，眼前的場景是我這輩子從來沒有見過的，我看到的是一個一個在火中掙扎的身影，火！失火了，我馬上意會到發生了什麼事情，第一時間想到的就是逃命，但在當下根本沒有任何方向可以判斷，太亮了，映入眼簾的是一個又一個在火裡逃竄的身影，包括原本我所護住的同伴，我早已感受不到他們的存在，我想或許眼前某一團火裡逃竄的，就是他們吧！

我：「我一定要衝出去，我一定要活著！」在當下我只有這個念頭，「跑！」全身著火，地上也全部都是火，身體的本能驅使我開始逃難，我往一個方向全力的衝，邊跑的時候還不斷的與旁邊的人碰撞，越跑就越絕望，因為我處在的地方實在太前面了，跑得再怎麼快也沒有火來得快，地板上是粉塵堆積最濃厚的地方，我的每一步，都是踏在火上面前進，拖鞋早就不見，不知道是熔掉了還是踢掉了，對我來說眼前根本沒有盡頭，能夠看到的全部都是火，可是我知道我沒有退路，因為後面也全都是火，心裡的絕望難以言喻，但是我唯一能做的，就是繼續向前衝。

很不幸的，在逃跑過程中，我還被旁邊的人撞倒了，整個人趴在滿是火焰的地板上

我：「我是不是要死在這裡了？」

那是我在倒下時閃過的第一個念頭，「我是不是要死在這裡了？」非常的無助，掉入萬丈深淵的絕望，身體的痛楚在那一瞬間也彷彿消失了，明明只有一兩秒左右的時間，但是我的腦袋卻飄過了許多的畫面

「不行，我不能就這樣死在這裡！」我想到了我的家人，我想到了我還有好多未完成的夢，我絕對不可以在這裡倒下。

當下咬緊牙根，雙腳用力一蹬，還沒完全站穩就繼續往前跑了起來，

腳底沒有拖鞋的保護，直接踩在火中奔跑，身體的求生本能讓我最後成功的衝了出來，逃離火場。

其實倒下那一兩秒的時間，我無法形容，我以為要離去了，彷彿看到人生的跑馬燈，但是閃過的幾個畫面讓我重新振作，不願就這樣倒下，我也不可以就這樣放棄，因為外面還有人在等我！

3. 我和爸爸的約定

在確定自己已經逃出來的瞬間，我笑了，那一時刻我忽然沒有感受到身體的痛楚，只有活下來的喜悅，但這樣的喜悅沒有持續幾秒，疼痛接踵而來，此時我的護目鏡、頭巾、拖鞋和眼鏡早已消失，我根本什麼都看不清楚。

然後呢？開始大哭，開始大叫喊救命嗎？不，我沒有，在當下我反而顯得異常的冷靜，心裡驚慌一定有的，說不害怕那是不可能的。但是我非常努力的讓自己保持鎮定，因為我告訴自己這時候一定不能慌張，要保持冷靜。

我告訴自己：「黃博煒，你不是在做夢，那些你新聞上看到的，那些電影裡才會出現的情節，現在正活生生的發生在你身上，冷靜下來，才有辦法救你自己。」

我拖著全身的傷一邊往外面走，一邊不斷的告訴自己：「不要慌，加油！要冷靜」，不停的對自己喊話，走的每一步都非常艱辛，隨時都有可能倒地不起。

我慢慢的走到了旁邊花圃前的椅子，坐下來休息，很快的就有人拿水還有飲料過來幫我降溫，我心裡想著：「不知道我的同伴他們有沒有逃出來」，掛念著他們卻無能為力，因為已經自身難保，沒有餘力可以去救他們了，身體的狀況非常糟糕，因為剛剛從火災現場逃出來後，光走過來椅子這邊的這段路，就走了很久，我以為我走了很遠，其實才沒幾公尺，可是就已經讓我喘到不行，甚至沒有力氣繼續走，全身痛得發抖，眼鏡也不見了，眼前只有一片模糊。

這時候我意識到自己一定很嚴重了，平時我非常熱愛運動，每一天都一定會訓練自己，體力絕對比一般人都要好，但是我看著眼前這些模糊的身影，一個一個即使受傷但仍然能行走，而我卻沒辦法，我就知道自己勢必傷得不輕，才會走幾步路都需要耗費這麼多的體力，而且當別人拿水要給我喝的時候，我差點哭了出來，因為發現自己的雙手根本沒有能力握住那水瓶，我努力的舉起手看了一下，只有一片血肉模糊，看不到原有手的樣貌，但是當我越了解到自己的傷勢，就越告訴自己一定要冷靜。

喝了幾口水後的第一件事，就是打電話給家人求救，我請身邊讓我喝水跟幫我降溫的人，拜託借我手機，幫我撥打電話給我的家人，當時的電話內容我記得很清楚。

我：「爸爸，我是黃博煒，我今天跟朋友來八仙樂園玩，現在發生火災了，我全身都有被火燒到，等一下會送醫院，爸爸你要到醫院來找我。」因為當下在現場要借電話的人很多，我只能快速的跟爸爸講一下我的情況，我記得電話那頭，我聽到爸爸的驚慌失措：「煒煒你說什麼？在哪裡？你說你怎麼樣？……」我只能勉強的再次回答爸爸這些問題，沒有多餘通話的時間，因為電話早已換別人用了，現場所有的人都非常慌張，一定都想打電話回家，而且一直不斷的聽到尖叫聲，應該說是慘叫及喊救命的聲音吧！

休息幾分鐘之後，我不知道自己哪裡來的勇氣，或許是因為與爸爸通了那通電話。

「不行，這邊離出口太遠，要被救援的機會很小。」我意識到自己的處境很不妙，那邊只是離火場沒有多遠的座位，而事發的火場又幾乎是位在八仙樂園最裡面的場所，離出口實在是太遠了，我不能這樣坐以待斃，我必須想辦法讓自己離出口近一點。

我鼓起我身體全身的力氣，站了起來，其實非常的疼痛，我當天穿的是球褲，尼龍的材質，早已因為高溫跟大腿的皮膚黏在一起，我身上也有許多部位在當下是黏在椅子上與地板的，站起來會那麼疼痛就是因為我把自己給「拔開」了，全身真的是血淋淋，周圍那些沒受傷的人並沒有管我，不是無情，而是因為他們根本忙不過來了，太多人需要照顧，在呼喚著他們。我的每一步都很艱辛，每走 步就要休息，跟自己說聲加油，告訴自己一定可以，喊話完再用盡全身力氣走下一步，我知道這勢必是一段非常漫長的路，因為這裡離出口很遠，但是我就是咬著牙不斷告訴自己：「我不能死在這裡，我不能死在這裡，我要活下去，我一定要活著！」

可是實在是傷得太嚴重了，我不知道自己走了多少步之後，倒下了，躺在地上，周圍已經躺著一堆人了，我無力再次站起來，倒在那裡大力的喘息著。

我心想：「我要離開了嗎？我的人生就這樣嗎？」

眼淚默默的流了下來，這是我的第一滴眼淚，無論前面我有多痛我有多恐懼，都未曾掉下一滴淚，但倒下的這一刻，我害怕了，因為我的周遭只有一片哀號聲，看不到半點希望，我也沒有力氣站起來了，微微的抬起手，眼前看到的只有血肉模糊。

我：「這是我的手嗎？」

在心裡問自己，陪伴了我二十幾年，這一刻卻完全認不出來。

在當下，我感到非常的無助，掉了幾滴眼淚看著天空，心裡平靜了下來。

我：「這不是夢吧！如果是，能不能拜託趕快停止呢？我不想再繼續做夢了，可是夢裡應該不會痛吧！這不斷持續傳來的痛楚，似乎是真的。怎麼辦？爸爸媽媽你們在哪裡……」

腦海中思考了許多事，衷心期盼這一切只是一場夢，睡一覺醒來什麼事都沒有，我只是一個平凡人，與那些走在路上的人一樣，沒有什麼特別，但是卻真真切切的發生了這樣恐怖的災難，多麼希望這一切都只是夢。

躺著躺著，當我就快閉上眼睛時，漸漸的聽到有人在附近幫忙其他的傷患，不過傷患真的太多，持續好一段時間都沒有人來幫忙我，但是我卻一直一直不斷的聽到：

「加油啊！」

「救護車在路上了。」

「撐下去啊！」

「不要睡著再堅持一下！」

「不要怕，我會幫你，等我。」

「我在這邊陪你，不要擔心。」

「你可以的。」

「想想你的家人。」

在現場非常多鼓勵的話，一直在我耳邊繚繞，尤其「想想你的家人」這句話，我的精神大振。

「對！他們還在等我。不！我不要放棄，我要堅持下去。」

睡意一瞬間消失，我努力的想讓我自己被發現，正當我用滿是鮮血的手大力往地上一按，奮力的想讓自己坐起來時，一群人發現了我，他們合力幫助把我搬了起來，抬到漂漂河內泡水降溫。

我心裡面燃起了希望，我相信只要堅持住一定有機會獲救。

在漂漂河裡，我的雙腳不停的來回踱步，我沒有辦法直接站立，總是用最小的面積接觸水底地板，因為這樣能減少我腳部的疼痛感，身體也是一樣，我呈現一個半蹲的姿勢，讓大部分的身體都盡量浸泡在水面下，僅露出我的頭部。當然待在水裡面的感覺比起暴露在空氣中，相對是較舒服的，不過許多地方早已感受不到疼痛，因為一些痛覺神經早就燒掉了，有些地方可以說整塊肉都不見了。

漂漂河也已經不是大家平常印象中清澈的水，看不到底部，甚至完全看不出來那是水的顏色，因為我們身上的血、組織液等等，都在水裡交互流竄。水面上，漂著的不是游泳圈，一塊一塊，一片一片焦黑浮在水面上的，不知道是哪個人的皮膚，滿滿的整個水面都是，我們幾百個人就這樣泡在水裡降溫，可是在我下去泡的時候，水溫不是冷的，而是有點溫溫的，我也搞不清楚是真的水溫被改變了還是我們的身體體感溫度早已失調。

每個人彼此之間都間隔一些距離，因為害怕碰到對方，產生劇烈的疼痛。在這個漂漂河內聽到的救命聲，比起在火場附近要來得多，我旁邊的男生，我不記得他長什麼樣子，但是他不停的哭，不停的大喊救命，看他的樣子年紀與我差不多，但是卻不停的掉眼淚，不停的喊救命，聲音都快啞了。

我沒有笑他，也沒有嫌他吵，我靠近他對著他說：「冷靜！同學你要冷靜，一定會有人救我們的。」

他帶著哭腔：「我不要死掉，我好怕自己死掉。」

他的回話很大聲，他繼續的哭了起來，旁邊很多人原本在努力忍受疼痛等待救援的傷患，也因為他的哭聲，跟著哭了起來，雖然我沒有哭，但是整個心糾得非常緊，我只是忍耐不讓自己掉下眼淚，我同樣的也非常害怕，我也不想要死在這裡。

周圍哭泣的聲音很多，哀號聲音很多，但是加油聲也很多，許多人一直在給我們加油喊話，兩種聲音反覆的交錯著，持續許久都沒有中斷。

一段時間後，很幸運的我的旁邊正有人在打電話，我懇求她能夠讓我使用，我會這麼急迫是因為，我擔心第一通電話爸爸會以為那是詐騙集團，我想任何一位父母在突然接到這樣的一通電話，也一定都不會在第一時間就選擇相信，一定會在心中打一個問號，小心的求證。

所以有了可以再次打電話的機會，我懇求她能夠讓我也打電話，這時候我沒有太過催促，因為我知道大家一定跟我一樣的想讓家人知道，希望家人來救自己，而且我也非常害怕，萬一我一直催促她不借我怎麼辦！我這輩子沒有這麼渴望可以打電話回家過。

等待是非常有價值的，終於輪到我了，我的手沒有辦法拿著手機，請求旁人的協助撥著熟悉的號碼，當時泡在水裡是全身顫抖的，連電話號碼也是斷斷續續才唸完，但是響了幾聲以後，居然沒有人接，我很慌張，旁邊一直有人催促說他也要打電話，也一直說著快換我快換我，而此時我又拜託旁邊的人再讓我試試，趕緊打了家裡的電話，幾聲之後，一樣沒接，天啊！我非常的著急，旁邊的人也一度要把手機拿給下一個人，我只能懇求她，我一定要聯絡到我的家人。

其實那個人也絕對不是冷血，我相信她一定也非常的不知所措，需要打電話的人實在是太多了，一時之間她也不知道該怎麼做，大家都在跟她求救。

打第三通電話的時候，是爸爸的手機，我在心裡默唸：「一定要接啊！拜託一定要有人啊！」因為下一次不知道什麼時候才有機會借到電話，響幾下後，通了！

我：「爸爸，我是黃博煒——」

我話還沒說完就被爸爸打斷，電話那頭傳來爸爸非常急促的聲音。

爸爸：「煒煒，爸爸知道了，新聞跟廣播現在都一直在報，爸爸現在已經在路上，你不要擔心，爸爸會來救你，你要撐住，知道嗎？」

我：「好！我會撐住。」

當下我沒有過多言語，因為我知道已經夠了，掛了電話，輪給下一個人使用。

我們父子間的這通電話，是當日的救命關鍵，讓我在後面幾個小時等待救援的過程中，一直支撐著我的，就是我與爸爸之間的這個承諾。

從小，我的爸爸媽媽就教導我要做一個守誠信、重承諾的人，既然答應爸爸「我會撐住」，我無論如何都要全力以赴，即使再怎麼痛都要撐住，而且我也相信，爸爸說會來救我，就一定會來！

4. 這輩子最困難的一條路

我與爸爸之間的承諾。

我：「爸爸，我是黃博煒——」

我話還沒說完就被爸爸打斷，電話那頭傳來爸爸非常急促的聲音。

爸爸：「煒煒，爸爸知道了，新聞跟廣播現在都一直在報，爸爸現在已經在路上，你不要擔心，爸爸會來救你，你要撐住，知道嗎？」

我：「好！我會撐住。」

爸爸，在許多人的心中，是無所不能的。當然在現實當中，隨著我們年紀的增長，我們知道爸爸不是萬能的，有些事爸爸不見得能夠做到。但是不可磨滅的是，爸爸依舊是我們心中那棵值得依靠的大樹，對我亦是如此，而且當下的自己真的處於絕望的邊緣，沒有這通電話我真的不知道能否撐得下來。

為什麼我會說我與爸爸之間的這個對話是救命關鍵，是在當下支撐著我，使我一直保持清醒，使我永不放棄呢？其實大家可以試想自己處於這樣的一個狀態，當全身佈滿傷痕，流著血，渾身顫抖，連話幾乎都說不太出來，這時候的腦袋還能夠保有清楚思緒，能夠有許多想法嗎？真的有人能嗎？

我自己的答案是，不能。因為在當下我就是處於這樣的一個狀態，忍耐著身體的所有不適及疼痛，已經很困難了，又加上要讓自己保持清醒，我多麼想閉上眼睛休息一下，不只是我，旁邊非常多人也想這麼做，但是一直不斷聽到身邊有人在提醒著：「醒醒啊！不要閉上眼睛，不可以睡著啊！」想閉上眼睛休息的人很多，但旁邊的人一定怕我們睡著後，就再也醒不來了。

在與爸爸的這段話之前，我腦海中一直反覆想的就是：「我不可以死在這裡，我要活下去」，但這樣的念頭，卻在那長時間的等待救援中，逐漸的被澆熄，再強大的求生意志也禁不起時間無情的摧殘，因為遲遲等不到救援，我越來越慌張，也越來越看不到希望。

但是，聽到爸爸的聲音之後，我精神大振，一股無論如何都要撐住的意志出現，「我要撐住！我要撐住！不可以放棄，爸爸會來，爸爸等下就到了。」這是家人給予我的力量，同時成為了我當下最強大的一股泉源，這也是我那時腦海裡唯一的想法，僅有的執念。

打完電話後，心裡很安心，對家人的信賴，我知道自己一定會獲救的！但是同時也感到心慌：「這麼多人，爸爸他們會不會找不到我？怎麼辦？不行，我要想辦法做點什麼」，我決定再次移動自己的位置，想讓自己可以離出口再近一些。

一步一步，在水池內移動著，周邊充斥著各種哀號及求救聲，但我什麼都聽不見，我一心只想著：「我要離出口近一點，不然爸爸找不到我。」身上的疼痛似乎也沒那麼明顯了，或許是因為泡在水裡的關係吧！

儘管視線是模糊的，我還是能夠辨別從哪裡可以上岸，當我身體離開水面的一瞬間，我停住了，大叫了一聲，不到一秒的時間馬上縮回水裡。天啊！這也太痛了吧！那一刻，我退縮了，退回水裡，暫時放棄離開水池的念頭，靜下來思考，怎麼辦？還有什麼方法嗎？我環顧四周，發現沒有人可以幫我，附近只有一個個表情痛苦的傷患，大家的狀況都好不到哪裡去，顧自己都來不及了，根本無暇去幫助別人。

沒多久後，我牙一咬，腳一踏，鼓起勇氣，再次離開了水面，但是這次是慢慢的爬出來，已經沒有那麼多力氣可以用走的了，一股難以言喻的疼痛感再次襲來，我的眼淚因為疼痛不自覺的流下，「啊啊啊！」無法控制的叫了出來，但是我沒有停下我的腳步，慢慢的，我用盡力氣站了起來，臉上流著淚，身體承受著劇痛，心裡卻有一股熊熊烈火：「X的，我要走出去!!!」一步一步往外面移動，行進非常緩慢，拖著90％以上的燒傷，忍受著那不停傳來的疼痛感，但是我沒有停下腳步，我也沒有退路，心裡就是想著：「爸爸在等我，爸爸會來救我，我要再出去一點，讓他們趕快找到我，我要繼續走，我要……」

我始終沒有放棄，用盡所有的力氣，只為了可以多前進一步，多離出口近一些。這段路絕對是我這一輩子走過最難最難的一條路了，視線很模糊，幾乎看不到什麼路，我只是拖著滿身傷痕在前進，方向到底對不對，老實說我不知道，我只是帶著與爸爸之間的承諾「我會撐住」這樣的念頭，繼續的前進。

但是我不是神，也不是超人，沒有超能力，終究只是一個凡人。

「砰！」

倒下了，這次再也沒有力氣站起來，但是我卻掛著微微的笑容。

「夠了，黃博煒你盡力了。」

我躺在地上大力的喘息著，眼前只剩模糊一片，耳邊也聽不到周邊的各種聲音。

「好累，好想閉上眼睛休息一下。」

但是我不能，我知道家人在來的路上，我睜大眼睛，死命的撐著，在一片沒什麼人的空地上，等待救援。

直到再次被善心人士發現抬到第二個水池……

這段路走得有多難，有多痛，有多苦，我無法形容也永遠忘不了吧！

但是這段路，我現在卻非常的懷念，因為那是我這輩子最後一次用自己雙腳所走的路，那次之後，我就再也沒有機會用它們走路了。

我想念你們。

5. 救我，拜託

從漂漂河走出來後，再次的倒下，在一片空地上，等待救援。

很幸運的，我再一次被人發現，他們合力把我抬了起來，我心想：「該不會又抬回去漂漂河吧！我的天啊！好不容易爬出來了。」

我：「拜託把我抬出去一點，拜託不要再抬去漂漂河。」

路人：「但是你一定要泡水！」

我：「拜託不要，拜託把我抬出去一點，拜託你們……拜託。」

我衷心期盼他們可以把我抬得再離出口近一些，我只能懇求他們。

最後我被抬到一個水池中，我無法分辨那是在哪個遊樂設施出來後的水池，我只知道那不是漂漂河，那邊的人也比較少，很多是沒受傷的人在幫忙照顧著傷患。

我記得其中一個救我的人叫艾倫，他們一群人不斷的陪我說話，好幾度我都差一點就要睡著，他們開始詢問我的姓名、跟誰來、原本做什麼，我都是含糊的回答，但是他們堅持一定要我解釋是哪個博哪個煒，研華科技是在哪裡，而我又是負責什麼職位工作等等，這一切都是為了讓我意識保持清醒，不斷的問我問題分散我的注意力，我想在當下他們應該想問題想到要瘋了吧！很感謝艾倫與他的朋友們在那時候不斷的與我說話，讓我始終保持著自己的意識，沒有昏迷過去。

後來在同一個水池的女傷患，她的家人找到她了，把她帶離水池，消防員、醫護人員來來回回，漸漸的身邊的人一個又一個離開水池，眼見水池裡的人越來越少，我卻遲遲沒有離開，我開始慌了。

我：「為什麼他們都可以先走，為什麼沒有我？」

傷患甲：「他們有些已經沒有回話，沒有意識了。」

傷患乙：「有些是家長找到他們了。」

我：「那我們怎麼辦？」

沒有回話，有女生哭了起來，旁邊那些沒有受傷的人不斷安慰我們，不斷對我們精神喊話，可是我的心越來越慌張，很害怕，真的很害怕。

突然我的一個舉動，嚇壞了周邊的人，我緩緩的移動，用盡身體的力氣，想要離開水池。

艾倫：「怎麼了怎麼了？黃博煒怎麼了？你要幹嘛？」

因為前一刻，我還靜靜的待在水裡，好幾次都要睡著沒有回話，身體非常的虛弱，下一秒卻突然挪動了自己。

我：「不行，我要出去，我要離出口近一點，讓我家人可以找到我。」

艾倫：「黃博煒你冷靜，你現在這樣很危險。」

我根本不聽勸，還是持續往水池外爬，他們也不敢直接拉住我，因為我身上到處都是傷口，極有可能一拉，皮或肉就整塊都掉下來了。

但是，我爬不出去，也爬不上去，能夠挪動自己的身軀，已經是很大的極限了。

我帶著淚水：「把我抬出去好不好？」

我堅持著：「讓我再離出口近一點好不好？」

我懇求：「拜託你們，我在這裡我的家人找不到我的，我要出去。」

一陣吶喊後，艾倫：「好！可是黃博煒你等著，我們人不夠，我去找人，你不要動。」

我：「你說真的嗎？真的會幫我嗎？」

艾倫：「我會，你相信我，我去找人幫忙，等我。」

他消失在我的眼前，我也不再自己嘗試離開水池，因為我相信他。

沒多久之後，我聽到一群人講話的聲音，我不清楚他們說了什麼，但我知道他們是來幫忙我的。

身上許多地方是感覺不到疼痛的，因為似乎燒得太深，不是全部燒傷的地方都感到疼痛，但是當他們把我抬離水面，搬到一個板子還是架子上面，往外面移動的過程中，一陣一陣刺骨的痛不斷傳來，這一次我沒有叫，我死命的咬著牙忍耐，因為我怕我叫了，我喊了，他們會因為擔心我承受不住，把我再次送回水裡，他們知道待在水裡是可以減緩身上的疼痛與不舒適感，所以我沒有叫出來，只有眼淚不斷的湧出。

很快的，我被抬到一個廣場上，那邊已經堆滿了人，曾經去過八仙樂園，或者透過新聞畫面，大概都會有印象，滿滿的人躺在地上，彼此呼喊著。

那邊平時是大家玩水玩累的時候會休息的地方，一排一排的椅子，過往我也總是會在那邊休息，吃著冰淇淋，吃著熱狗堡，與朋友們談笑嬉戲。

但如今，這邊所有的椅子都撤掉了，不知道有一些是不是拆掉拿來當擔架用。當我被放下來時，意識已經越來越模糊了，曾經旁邊的人與我說了什麼話，早已記不清，但躺在那裡是一種非常漫長的孤獨感，時不時就會有人用一點點水給我喝，我的身上蓋著一些布、一些衣物，盡量的覆蓋住我被燒傷的地方，避免失溫，這個時候我已經幾乎動不了了，不知道時間過了多久，全身一直不停顫抖著，內心只有一個思緒還在，「爸爸會來救我！」僅有的一根稻草，讓我苦苦的撐著，保持自己的意識。

當我被抬到這裡時，已經有看到許多警消人員、護理師、醫生在場了，應該是說「聽到」才對，各種叫喊充斥整個廣場。

「醫生！醫生！這邊，這個快不行了！」

「護理師！拜託來看看她一下，拜託！」

「有沒有人可以幫忙？來幫忙抬出去，這個要送上救護車，有沒有人可以，快！」

「救我！醫生救我……」

有的是善心人士的聲音，有的是醫護人員的請求協助聲，有的是傷患自己的求救聲。現場的情形我大多都是聽到的，因為我眼鏡已經掉了，視線很模糊，躺在那裡我也幾乎動彈不得，但是可以很清楚的知道，外面的人已經知道這裡發生火災，而且派了許多人員來救我們了，知道這樣的消息身體彷彿多出一股力量，

「再堅持一下，很快就會輪到我了。」

我躺在那裡，靜靜的等待，在這邊沒有像在第二個水池一樣，一直有人跟我說話，因為這裡聚集的傷患實在太多了，那些幫忙的人也已經忙得不可開交，很多人是一次看著、照顧好幾個傷患，來回給水喝。

過了不知道多久，有人蹲下來查看我的傷勢。

醫護人員：「聽得到我說話嗎？」

我看著他：「可以。」

醫護人員：「你現在感覺怎麼樣？」

我：「很痛，很冷，拜託救我。」

醫護人員：「你放心，一定會救你，再等一下。」

接著他就離開了，轉身去評估下一個傷患的狀況，頓時我心慌了，為什麼沒有把我送走？剛剛旁邊有人被看一看以後馬上就被抬出去了，我呢？為什麼？

我焦急詢問身邊給我水喝的人，我依稀還記得她說的一些話。

某某：「你不要擔心，現在已經有很多的醫護人員都到場了，只是八仙出入口太小，所以救護車沒有辦法全部進來。現在只能靠人力把傷患一個一個抬出去，所以你再等等，很快就會輪到你了。」

她安撫著我，同時我也才明白，為什麼一直有醫護人員在喊叫、找人幫忙，為什麼那麼多人是用游泳圈往外面送。

事後我了解到救護車當天在八仙樂園外面排得非常的長，幾百台的救護車從各地趕來支援，這樣的事件真的是史無前例，然而一次可以進到八仙樂園的救護車只有一台，所以在救災上的難度變得很高，這對消防醫護人員都是一場硬仗。

我在聽完她的話後，又多了一點信心，因為在漂漂河、第二個水池的時候，我還不知道有醫護人員到場，那時候心裡特別的惶恐，即使身邊一直有人在幫忙，但是總是有擔憂在，畢竟他們不是醫護人員。所以當我知道救護車都在外面待命，知道現場有許多醫護人員，比起前面待在水池中的時候，心裡頓時踏實許多，「一直覺得自己快死掉」的情緒也稍稍減少。但是我沒有原地停留，一直想要往外移動，想要讓自己離出口更近一些，提高獲救的機會，能夠稍微安心一點點的就是知道陸陸續續有許多醫護人員到場，我一定會獲救！而且爸爸也說他在路上了，所以再堅持一下，一定會沒事的。

我睜大雙眼，強振自己的精神，以免睡著，死命的撐著，讓自己保持意識，帶著唯一的信念：與爸爸之間的承諾，努力的支撐下去。

但是過了好一陣子，還是遲遲等不到救援，旁邊一直有人被送走抬出去，可是沒有人過來搬動我，我心裡非常的焦急，再次懇求旁邊給我水喝的人，幫我求助去找醫護人員。很快的，她拉了一個人過來查看我的傷勢，醫護人員問我的話與前一次的幾乎相同，我得到的答案也差不多。

我：「拜託救我，剛剛上一個來看我的醫護人員說要我等等，會救我，可是我沒有看到他回來，救我好不好？」

醫護人員：「我們會救你，但是你冷靜，很多人比你更危急，因為他們已經失去意識了，我們必須先送他們出去。」

我沒有回話，我知道我只能等待。

不知道過了多久以後，一個熟悉的聲音傳來。

小孩的聲音：「哥哥，黃博煒哥哥。」

男聲：「黃博煒，黃博煒……」

持續的喊著我的名字。

女聲：「黃博煒，黃博煒你在哪裡？阿姨來救你了，黃博煒。」

是我的阿姨、姨丈跟表弟的聲音！我沒有多作思考，用盡我的力氣吼叫著。

「我在這裡！我在這裡……」

我不知道我喊了幾聲，也不知道為什麼當下還有力氣，但我知道那是來自於我對生命渴望所發出的求救聲，拚命的喊叫著。

表弟：「在這邊，哥哥在這邊，媽媽趕快過來，我找到哥哥了。」

我的表弟是第一個找到我的人，他趕緊叫他的媽媽與爸爸過來。

在他們找到我的那一刻，心，突然靜了下來，不再那麼惶恐，也不再那麼懼怕，甚至連心跳都逐漸緩和了下來，我感到很平靜，因為「我的家人到了」。那是一種截然不同的心境，身體的傷勢並沒有減少，疼痛也沒有減緩，但是當他們來到我身邊，我卻感到很安心。

我想這就是親情的力量。

阿姨蹲下來看著我的那表情，我依舊還記得，那充滿著不捨與痛心，眼淚不停流下，這應該也是她這一輩了第一次看到這麼震撼的場景吧！從阿姨的表情，表弟的慌張，我再次可以確定，自己一定傷得很重。

「阿姨，救我，我好痛。」我緩緩的說出了這幾個字。

阿姨：「會的！阿姨會救你，你休息一下，不要講話，阿姨在，阿姨在這邊陪你，弟弟也在，你不要擔心。」

我知道阿姨同樣非常的著急，姨丈也正在找人來看我的傷勢。

當醫護人員第三次過來的時候，醫護人員：「這個怎麼還在這邊！趕快送！快一點，擔架還是什麼的，趕快！」

如果我還有力氣，我大概會大聲喊：「天啊！」

從他的回答，可以非常清楚的知道：「我傷得很重，我早該送醫了，現在很危急。」

他們用最快的速度找來一個8字型的游泳圈，奮力的把我從地面移到泳圈上。

「啊！好痛，好痛啊！」

「忍耐，我們要救你出去了，忍耐。」

我繼續咬著牙，忍耐那移動中的疼痛。

「借過！快點借過，讓我們過去。」

「救護車，快到救護車那邊。」

「阿姨，姨丈，好痛哦！」

「再一下下，我們快到救護車了，你再忍耐一下下。」

其實廣場離出口有一段距離了，加上現場人又非常的多，即使他們用了最快的速度，這段路對我一樣非常漫長。

我的眼裡已經傳來救護車一閃一閃的亮光，也聽到了醫護人員彼此討論我傷勢的狀況，他們開始要把我從游泳圈移到擔架上。

但是並不順利，原本是想讓我從游泳圈滑到擔架上，不過完全沒辦法，因為我的皮膚跟我的肉，很多地方都與游泳圈黏在一起，一時之間移不到擔架上，試了幾次後，帶來的只有劇烈的疼痛而已。

幾次過後，當大家猶豫不決在想辦法的時候，我大聲怒吼：「抬我的肉，你們直接抬我的肉！」不是我勇敢，只是我擔心再這麼下去，真的會活不下來，我大聲的喊了出來，想趕快讓自己上擔架送往醫院。

這在當時不論是對醫護人員，消防人員，幫忙的人還有我的家人，都是非常震撼的一句話，要把我從游泳圈上拔起來，是非常殘忍的，可是沒有辦法，大家都不敢再拖下去。

他們沒有過多的猶豫，在我喊完之後就有人應了一聲：「好，直接抬！」大家合力直接接觸我的身體，把我從游泳圈上拔了下來，放到擔架上，硬生生把黏住的肉拔開，「啊！」我叫得非常大聲，這到底有多痛，我同樣無法形容。

救護車啟動前，爸爸到了，跟我一起上了救護車，其實我不確定剛剛從游泳圈移下來那一幕他是否看到了。如果看到，這對爸爸來說一定無比震撼且心疼。

我不知道當時我到底是等待了多久，才被送上救護車，但照當天醫護人員說的那句：「這個傷患怎麼還在這邊。」已經充分表示我的傷勢想必非常的嚴重。不過在救護車上，我卻顯得非常平靜，因為，爸爸他到了！我們都實現了彼此的諾言，我撐住了，爸爸也來救我了，所以心裡踏實許多，也很安心。

此時我已經非常的虛弱，救護車送往醫院的路上，我不斷的發抖，連跟爸爸說話的聲音也是抖得甚至說沒幾個字就會停下來。身體的疼痛隨著路上的一些顛簸，產生更劇烈的疼痛，但是我很努力很努力的沒有叫出來，因為我不想讓爸爸聽到我的慘叫聲，我怕爸爸會因此更擔心、更慌張。

在路上一直不停的跟爸爸反覆一些對話。

我：「爸爸！爸爸！」

其實我已經有點神智不清，眼前只有一片模糊。

爸爸：「爸爸在這邊，不要怕，爸爸在。」

一隻手輕輕的搭在我的身上，讓我感受到爸爸的存在，他時不時的輕拍著我，安撫我的情緒。

我：「爸爸快到了嗎？」

爸爸：「快了，快了，不用十分鐘。」

我：「我好累，好想睡覺哦！」

爸爸：「煒煒你再撐一下，我們快到了。」

幾分鐘過後……

我：「還沒到嗎？我快撐不住了，我真的好累。」

爸爸：「再一下下，你看司機大哥已經在加速了，你再撐一下，爸爸在這邊，你不要擔心。」

路途中，爸爸甚至跟我說了很多地名與路名，想要讓我知道我們現在是位於哪裡，也一直不斷的說我們只要再十分鐘、再五分鐘，甚至再過幾個紅綠燈、再過幾個彎就能到醫院了等等的話，其實這些話應該說是「不得不的謊言」才對。

基本上，距離八仙樂園較近的醫院都已經超收病患了，因為這場意外實在太突然，也從未發生過這樣的大型火災，尤其一次性的出現這麼多燒傷傷患，附近的醫院根本都沒辦法負荷。

我在救護車上依稀有聽到司機與醫院的對話，似乎聯絡的就是我要送達的醫院。他們一時之間都是在路上進行一些緊急的調配，因為同時上百台救護車在路上行駛，要非常密切的與各大醫院聯繫，以免出現送過去無法救治的情況。

當我聽到送往新光醫院的時候，我有些疑惑的問爸爸，那是在哪裡？由於我已經有點神智不清了，對於爸爸說的地址，說的路名，並不是那麼清楚的理解。但是為什麼我會說爸爸在車上跟我講的那麼多都是謊言呢？應該說那是不得不的謊言，為了就是要給我「希望」，給我繼續撐下去的力量。

當天的路程絕對要半小時以上，從八仙樂園出來那裡是滿滿的車輛，滿滿的救護車聲，爸爸其實非常清楚我們距離醫院還有好長的一段路，但是我並不知道，因為我躺著看不到外面，所以爸爸故意說得我們好像馬上就會到醫院一樣。

事後其實我有跟爸爸聊起，我問爸爸。

我：「爸爸，有件事我覺得有點奇怪耶！我記得那時候我在救護車上，問你快到了沒有，因為我真的快撐不住很想睡覺，然後你就一直跟我說再幾分鐘，說馬上就到了。不對啊！我用Google查救護車從八仙樂園到新光醫院的時間，用飛的都沒那麼快。」

爸爸：「哦！那時候騙你的啦！」

我：「靠……都那種時候還騙我哦！」

爸爸笑一笑沒有再回答我，問這個問題的時候是我還在醫院的日子，這時候是生命跡象相對穩定的時候，聽到爸爸那句：「騙你的啦」，聽到當下真的是頭上三條線加上想飆髒話。

但是，後來我才漸漸明白，爸爸為什麼在救護車上要這麼做。其實仔細想想，從前面一開始發生意外接到電話到救護車送往醫院的所有過程，對於一位父親，是怎麼樣的一段歷程呢？我不敢想像。

應該是說我無法想像，這對一位父親或者母親是多麼難熬的一段路程。他們從在家裡，接到我的第一通電話時，一定充滿著許多的疑惑及驚訝，「詐騙集團嗎？」「還是真的？」「是真的怎麼辦？」直到當他們看到新聞『八仙樂園發生火災』時，那又是怎麼樣一種讓人焦急的心情呢？

我們都常常接到詐騙電話，往往聽到的都是一些我們認為假的、不可能發生的事情，那如果今天這個發生在兒子身上的「不可能」變成了「事實」，這對父母是多麼震撼的一件事情。

爸爸在接到這樣的消息之後，急急忙忙的放下手邊的事務，趕緊去開車，與媽媽一同出發趕往八仙樂園。這一路上勢必充滿著焦急與不安，我甚至很難想像爸爸方向盤握得多緊或是油門踩得多大力。爸爸好不容易趕到了現場之後，這樣就能安心了嗎？完全不能，看著眼前燒到幾乎認不出來的人，他真的是我的兒子嗎？我很難想像爸爸在看到我的那一刻，是多麼的震撼，如果不是因為阿姨、姨丈還有表弟圍在我身邊，他甚至不敢相信眼前躺著的，是自己的兒子黃博煒。

父親聽著那熟悉的聲音：「爸爸，爸爸。」他不得不認清這個渾身燒焦的人，就是我。

救護車上送往醫院的路途中，爸爸絕對很清楚，我們不可能短短幾分鐘就到達醫院，這對他來說到底是多麼煎熬的一段路程，爸爸的心裡一定比誰都還要著急，但是他卻壓抑住自己所有的情緒，為的就是要安撫我，讓我覺得安心，不管是哄我也好，騙我也好，就是要給我一個支撐下去的力量，給我「希望」。

我覺得我的爸爸真的很偉人，我一直到今天都無法想像爸爸到底是要有多麼強大的一顆心，才能夠做到如此。在我印象中，救護車上的那段路，爸爸一直給我的感覺就是沉穩、冷靜，完全沒有顯露出焦急、不安的情緒，就連說話都是那麼的讓我感到安心，讓我打從心裡相信，自己只要再堅持一下就沒事了。

爸爸，謝謝你給我希望，是你讓我可以堅持下去。

6. 徘徊在現實與惡夢、生與死之間

送到醫院的那一刻，我還沒有失去意識，我還在苦撐著。

這一切的一切對我都非常的奇特，我曾經因為車禍坐過救護車，但那次全程都是坐著，也不是特別緊急的狀況。但這一次不一樣，一到達急診室的門口，馬上就有好幾位醫護人員圍上來，用最快的速度把我推進去，當時也有許多媒體記者，不過我們已經無暇去注意到這些了。

「我要活下來！你們一定要救活我！」

這是我在急診室急救時，失去意識前的最後一句話，一種來自於內心對生存的極度渴望。那時候周邊的聲音很吵雜，但我意識已經越來越模糊，聽著那熙熙攘攘的腳步聲，還有各種儀器一個接一個的推了過來，我的衣物也開始被剪開，種種不舒服感還有劇烈的疼痛，讓我掙扎了起來，或許就像我們在電視機裡看到的那樣，發狂的病人吧！

在二十一世紀這個科技進步、醫療發達的時代裡，區區燒傷送到醫院一定就沒事了！但事實是如此嗎？誰都沒有想到，接下來傳來的竟然是一個又一個的惡耗。

昏睡後，我做了一個非常詭異的夢，至今我都還無法分辨究竟是藥物作用還是什麼樣的其他原因。夢裡很恐怖，我彷彿被帶到一個很大的房間，我躲在角落無法動彈，四周很黑很黑，有些奇怪的事物在我身邊流轉，我不知道那是什麼，但是讓我覺得很恐懼很害怕，持續了很長的時間。我沒有辦法控制自己的自我意識，就像在做夢的時候一樣，是被帶著走的，那種感覺難以言喻。

眼睛緩緩的睜開後，「呼！原來剛剛都是一場夢。咦？不對，為什麼我動不了！我怎麼什麼都看不清楚，眼鏡呢？我要拿我的眼鏡，奇怪？手為什麼動不了？嘴巴！我的嘴巴綁著的是什麼？為什麼這麼難受？」

在我醒來的那一刻，我一度以為這場意外一切都只是一場夢，剛剛只是做惡夢，我只是睡了一覺而已。但眼前的一切，都是那麼的真實，我多麼希望這真的只是一場夢，那該有多好啊！

其實那時候用的藥非常的重，我一直都是在幻境與現實中交錯著，分不清白天黑夜，也分不清自己到底是身處何處。有種靈魂在神遊的感覺，我眼前的事物、場景，都不斷的在轉換著，而且那些地方都很虛幻，我未曾去過，甚至有些東西也沒看過，很多大概只有在科幻電影中才會出現。不過事實上，我一直都躺在小小的病床上，沒有離開過。那一切一切的畫面，也都只是幻境而已，我就在這樣反覆的過程中，度過了好幾個禮拜。

一進入醫院就開始二十四小時不間斷的血液透析治療（俗稱洗腎），因為身體的毒素實在太多，已經超過我們腎臟所能負荷的量，就連最基本的呼吸，我都需要仰賴醫療器材，基本上所有可以維繫生命的儀器，我都用上了，但是我的狀況依舊非常的不樂觀，其實如果說白了，就是我幾乎已經沒救了。

這是一個極具震撼的消息，一個二十二歲的大男孩，人生才正要開始，就要迎來終點。這一切的一切來得太突然，來得太殘酷。可嘆的是，躺在那邊的我，卻什麼都不知道，因為沒有人告訴我，關於我的狀況，跟我說實在太殘忍了，而我只是一直保持清醒，經歷著那地獄般的苦痛。

7. 第一道難題

當我以為送到醫院就沒事，以為只要再忍耐一下下就好，殊不知這些都只是痴心妄想，一切的苦難才正要開始。

「啊！啊！啊！」我好希望我可以大聲的叫出來，這真的太痛了！我的天啊，這不是已經在醫院了嗎？我在火災現場都沒有現在這麼難受，這到底是怎麼回事？我的腦海裡充滿著無數的疑問，我想問卻說不出話，因為我正插管中。可是我真的很想知道自己現在到底怎麼了，有沒有人可以為我解答，讓我知道自己的狀況。

我的病床一直有人來來回回，然而始終沒有人提到我傷情，沒有人告訴我，其實我已經即將離開這個世界了。

爸媽：「煒煒，爸爸媽媽來看你了，現在是X月XX日X時XX分……」

這句話是每一次我的爸爸媽媽在進來加護病房看我時，一定都會說的話，每次都會告訴我當下的時間。但是當時我卻完全不明白為什麼要這麼做，心裡總是OS：「跟我講時間到底要幹嘛啦？怎麼每次進來都要跟我說，我根本不會記得上一次你們說的時間是幾點幾分啊！好煩，我又沒辦法說話問你們。」

爸爸媽媽的這個舉動，在我出加護病房、拔管之前，從來沒有間斷過。甚至有幾次他們進來探望我的時候，一開口又再報時間，我就很生氣的晃動我的身子和床，起初他們非常的驚慌，因為他們知道我不可以有激烈的情緒及反應，不然下一秒可能隨時會離去。

幾次過後，他們知道了我不喜歡聽到報時間，因為每次只要一講到，我就會生氣，那時候我也沒有辦法用其他方式來表達。

但是一直以來我都想不明白這件事，活下來後有一次我就開口問了爸爸媽媽。

我：「我那時候住在加護病房插管的時候，為什麼每次你們進來都要一直跟我講幾月幾號，幾點幾分，講那個到底要幹嘛？聽了超級煩，我根本不會記得也搞不清楚啊！」

我原本以為，那只是他們進來跟我說話習慣性的開場白，沒有什麼意

義，但是當他們告訴我原因的時候，我頓時說不出話，我無法想像這對他們是多大的痛楚

爸媽：「我們會一直跟你講時間，是因為那隨時都有可能成為你，黃博煒，離開這個世界前，最後所能記得的時間，我們希望能夠讓你記得。同時我們也是為你感到慶幸，慶幸每一次可以再次與你報時的機會，因為那意味著煒煒你，又好不容易多活了一些時間。」

聽完爸爸媽媽給我的解釋，我沉默了，眼眶不自覺的紅了起來，「原來這個報時的行為，具備著這麼多的涵義在裡面。」

可笑的是，我居然還一直嫌煩，甚至為這樣的事情而生氣，想想當下爸爸媽媽他們的心情到底會是多麼的煎熬。

坦白說，我真覺得自己很不應該，雖然當下的我完全不清楚自己的傷勢如何，但一想到「報時」竟藏有如此深意，我真的無法想像爸媽是怎麼樣鼓起勇氣再次踏進我的病房，又是用什麼樣的心情一次又一次來告訴我「最後的時間」。

在我的記憶中，爸爸、媽媽還有哥哥等進來探望我的人，都不是哭著

與我說話，總是溫暖的鼓勵著我，總是告訴我「不要怕，我們都在身邊陪著你」，其實我躺在那裡，是非常害怕的，無法動彈，眼前的事物又因為藥物的關係，不停的轉變著，場景一個換了一個，更別說那數不出來的惡夢了。

一天拖過一天，病情完全沒有好轉，醫院也開了對家屬的說明會，其中就屬我的情況最不樂觀，醫生說得很殘酷，沒什麼希望是無法否認的事實，但是媽媽在那場說明會，跟在場所有的醫生說：「拜託你們，不管我的孩子傷得多重，請你們千萬不要放棄他，拜託！一定要救他。」或許冥冥之中躺在那邊的我，感受到了這樣的情緒，所以一直堅強的支撐著，在醫生的意料之外，多活了幾天。

不過這樣的狀況沒有維持多久，我的血壓下降到連升壓劑都無法幫助我維持穩定，醫生宣判我隨時都有可能離開。所有的家屬全部都到場，這一切來得實在太突然，大家都無法接受，守在病房的門口，隔著一道牆，明明知道我就在裡面，但是我與他們的距離卻是這麼遙遠。

所幸，老天爺似乎是聽到了家人朋友們的祈禱，我的血壓又再次不可思議的升了上來，我也再次醒了過來。當然，我完全不知道自己又經歷了一次的生死關頭，因為他們不敢跟我說，怕讓我知道真相會承受不住。

可是因為這一次的差點離開，醫生說不能再等了，要拚！必須裝上葉克膜，因為血壓實在是太不穩定了，誰都沒有把握下一次我的血壓還升不升得回來。但是，裝上葉克膜只能延續我的生命，對我的病情一點幫助也沒有，並不會因為裝上葉克膜使我的傷勢好轉。而且醫生很坦白的跟我的家人說：「博煒裝上葉克膜，只能稍稍延續一些生命，對於他的病情沒有很實質上的幫助。而且博煒現在每分每秒都在承受巨大的疼痛，實在辛苦，裝葉克膜也許多活幾天，但其實就是多痛幾天，因為博煒實在太嚴重了，以現在的醫療，已經差不多到達極限了，你們要考慮清楚，裝還是不裝。」

家人們：「我們需要討論。」

醫生說得非常明白，而且這樣的答案大家都難以接受。「博煒每分每秒都在承受著劇痛」、「多活幾天，只是多痛幾天」，這兩句話不斷的反覆出現在大家的心中，大家開起了家庭會議，討論是否繼續下去。但是，這真的是非常兩難，有的不願意看著我繼續這樣受苦下去，有的覺得我還有一線的生機，甚至最後讓我們自己家裡的人（沒有親戚）關起門來討論，但是還是無解。

最後爸爸與醫生討論過後決定讓我自己做選擇。

爸爸鼓起勇氣，一步一步走向病房，一步一步逐漸走向我的病床，調整著自己的呼吸，壓抑著自己的情緒，努力的不在兒子面前掉下眼淚。

爸爸：「煒煒，爸爸問你，你要不要到另外一個世界當天使？」

！！！！！！！！

晴天霹靂的消息震撼著我，我沒有絲毫的猶豫，插管不能說話的我，拚命的搖頭，我用盡全身的力氣反抗著：「我不要，我要活著。」

這時候腦袋瞬間清醒了許多，我知道現在是非常重要的時刻，我也非常明白「當天使」是什麼意思，但是我非常的堅決「我一定要活下去」。

這個問題不只問了一次，後來連醫生也進來與我再次確認，問一些其他問題，讓我用眼球方向或張眼閉眼的方式來回答題目，確認我是否意識清楚，還是只是迷迷糊糊的。但事實證明，那時候我非常的清醒，我知道爸爸問了我什麼，我沒有要放棄，我堅決要活下去。

醫生與爸爸還有我的其他家人們，選擇尊重我的決定，這個無解的難題，由我選擇，由我負責。但是醫生也很坦白的跟我及家人說，我或許會在葉克膜手術的過程中離開，所以要有心理準備。

哥哥說：「我們那時候所有人都守在手術房外，心急如焚，害怕你會離開，幾個小時的時間卻像好幾天一樣的漫長。終於！手術完畢，但是醫生卻完全不敢鬆懈，葉克膜雖然已經成功裝置了，不過你的血壓掉到非常非常低，如果升不上來，依舊會離開，我們大家只能繼續等待，好在後來醫生帶給大家的是好消息，我們才暫時鬆了一口氣。」

「呼！我成功的挺過來了！」

這一天是七月三日，受傷的第七天，我挺過了第一大關卡，雖然生命跡象依舊是不穩定，但是至少我活了下來，為自己又多爭取了幾天；至少我能繼續在這個世界停留，我能再次聽到爸爸媽媽與我報時，能夠再次感受到他們給予我的溫暖。我真的很敬佩我的爸爸媽媽，我想他們在進入病房問我「要不要到另一個世界當天使」前，心裡一定有過無數的掙扎，因為無論怎麼樣的選擇，都難！想要自己的孩子活下去，可是又不希望自己的孩子繼續受苦，作為一個父母，真的沒有辦法做決定，所以慶幸我的意識是清楚的，我為自己生命做出了選擇，也慢慢的讓大家感受到，我對生命所發出最原始的渴望，想要繼續活下去那顆不可動搖的決心！

8. 不能放棄，有人在等我

葉克膜只不過是第一大關，闖過了不代表就沒事了，它只能延續我的生命給予我多一些的時間，殊不知後面還有更多更艱難的關卡要過。

醫生：「博煒雖然挺過了這一關，但是葉克膜頂多讓他多活幾天，可能也撐不過一星期。」

這樣的結果雖然大家事先已經有心理準備，但是再一次的被醫生提及，依舊讓人覺得心痛。裝完葉克膜後的那幾天，全家心力交瘁，夜夜難眠，幾乎每天都沒有什麼睡，因為深怕我就這樣不告而別的離開。每一天緊急病危的通知響不停，每當一病危，全家就馬上衝去醫院，到底病危了幾次真的數不清，不過幸好一次次都是有驚無險的度過了。

很快的，一個禮拜過去了，我依然堅持著，每天眼睛都瞪得大大的，像是在示意「我還存在這個世界」一樣。身上的感染指數依舊非常的高，但生命跡象反而有漸漸的回穩，儘管如此，醫生還是不敢大意。我每天的生活，依舊是在現實與幻境中交錯著，時而清醒，時而完全不知道自己身處何處，身上的藥物劑量打得非常的高，想要大幅的減緩疼痛感，但幫助實在有限，一樣痛不欲生，每分每秒持續著。

出院後很多人總是好奇的問我：「黃博煒，你這段時間到底是怎麼度過？怎麼挺過來的啊？什麼樣的力量這樣支撐著你，讓你承受這些劇烈疼痛的情況下，還依然不放棄呢？」

我：「我的家人，他們在等我，一次又一次的給予我力量。」

其實到底那有多痛、有多難受，我想任何的詞彙都不足以形容，平時我們一不小心燙到一點點，就覺得痛得不得了，那全身90％面積以上燒傷，一定無法想像有多痛，對吧！

但是再痛，也沒有父母的心痛，這段時間，我想他們比誰都更煎熬。對我來說，一直支撐著我的，就是來自於家人的力量。打從一開始在八仙樂園發生火災的時候，我始終想到的，就是我的家人，為了他們，我不願意放棄。

躺在那裡的這段時間，每一秒我都過得不容易，無數次的期望，這一切可以停止，但是終究不像是在玩遊戲，可以選擇暫停。每隔一段時間，我總是會聽到有人接近的腳步聲，期待著爸爸媽媽進來陪我說說話，雖然我會生氣、發脾氣，也會覺得很煩，心裡也總是OS：「他們幹嘛總是在說一些沒意義且很無聊的事，好不想理他們哦！」就像是平常在家裡一樣的閒話家常，很嘮叨卻很熟悉。

一次又一次的探望，我感受到的是最習慣的溫度——「家人的溫暖」，他們始終讓我知道，無論發生什麼事情都會陪伴在我的身邊；當我難受至極的時候，他們也總是會出現在我身旁，給我打氣、給我力量。

「煒煒，加油哦！爸爸媽媽在這邊。」

「黃博煒，哥哥在這邊陪你，我們全家人都在，不要害怕。」

「你要加油！大家都在等你，你一定要撐下去。」

聽到這些，我的眼淚總是會不自覺的流下，我發不出聲音，但是他們總會在看到我的淚水後，安慰我，像兒時一樣，輕輕的、慢慢的拍著我的身子。

「不要怕，我們都在。」

一次又一次帶給了我力量，一次又一次的讓我不願意這樣離開，因為捨不得，因為不甘心，因為：

「大家都在等我！」

9.5%的生存機會，我的選擇

裝上葉克膜後，漸漸的，一個禮拜過去了，醫生看著病床上的我。

醫生：「奇怪？啊你怎麼還在這邊？」

醫生當然沒有這樣說，但其實基本上就是這樣的意思，該走的人，怎麼會還沒有走呢？

我：「我偏偏不走！」

我倔強著堅持著，每一天總是把眼睛睜得大大的，我深怕下一刻我再也沒機會看到這個世界。

當下我並不知道，這時候我的故事，在外面早已傳得沸沸揚揚，很多的朋友、同學也都持續來為我加油打氣，電視上時不時出現我的新聞，全國許多人看到後，也為我集氣、祈禱，雖然躺在那邊的我，完全不知道這些事情，但是我總是相信，這些冥冥中的力量，一定對我的生命有很大的意義及影響！

我在醫生眼中已經是奇蹟，若是按燒傷死亡率來計算（公式：（年齡十燒傷面積）*〇・八＝死亡率），我的死亡率是90%以上，按常理即使我使用了葉克膜延續生命，也該早已到達盡頭，所以連國外的醫生，也覺得非常不可思議。

自始至終我都努力的堅持著，當下腦袋瓜能夠想的事情很少，因為身體承受著極度不舒服及劇烈疼痛，思緒沒有辦法太集中、想太複雜的事情，我不斷想的就是「我要活下來」這件事。

我那堅強的意志，似乎感染了醫生，讓他們決定，不放棄任何一絲可以幫助我活下來的可能，再次與家屬坐下來討論，提出了一個方案。

醫生：「現在博煒的狀況依舊十分不樂觀，如果想要活命，就要拚！但是必須有所取捨，就是必須斷尾求生——截肢，而且有可能是四肢截肢。」

頓時，大家又再度陷入兩難，但更殘酷的事實是醫生又說：「但是有一點要跟你們說明，博煒做這樣的截肢手術，活命機率其實只有5–10%左右，想要活下來，真的要祈求奇蹟發生。可是如果什麼都不做，就只能看著博煒慢慢的走向死亡。」

我的家人再次陷入絕境，原本在聽到醫生說可以拚一把、賭一把的時候，期待是一個好消息，但是醫生給我們的答案，實在是讓人太難以接受了。要嘛死，要嘛四肢截肢，而且重點是四肢截肢這樣的手術存活率居然不到10%，天啊！老天爺是在開玩笑嗎？難道這麼多天的磨難與忍耐，換來的就只有這樣的路可以走嗎？

全家人的心情全部跌落谷底，這樣的事實真的是太殘酷了，而且醫生的態度是傾向不做截肢手術，因為考慮到存活率以及未來生活上的種種問題，沒有了四肢在生活上一定會遇到許多的困難，而且這也不是一個存活率很高的手術，做完這個手術後也不代表就一定能夠活得下來，考慮種種的環節，醫生們還特別為此開了會，有人贊成救，有人贊成不救，然而傾向不做截肢手術的佔了多數。

全家人的討論也呈現一個拉鋸戰，兩種方向的選擇都有，但是遲遲沒有一個確切的結果，就如同一開始選擇是否到另一個世界當天使一樣，家人其實怎麼做都對，怎麼做也都不對。

他們問了好多人這個問題「如果沒有了四肢，你還願意活下來嗎？」

同樣的問題我也想問正在看書的你，換作是你，你會如何選擇？又為什麼呢？

（請你們先想一想再繼續閱讀。）

那時候，他們問到的答案，幾乎大家的選擇都是一樣的，就是「不活」，因為沒有了四肢的生活實在是很辛苦，活不活得下來暫且先不說，光是去想未來這樣的身體如何過生活，就足以讓人放棄活著的念頭了。

當然這一切的討論，我都不知道，還沒有人告訴我，躺在加護病房的我，就是日復一日的疼痛與煎熬，沒辦法說話也沒辦法動，只能靠著眼睛與微微的點頭來與他人交流，嘴裡插著管，即使痛，連想叫的權利都沒有。那樣的日子我一輩子也忘不了，意識清楚，卻完全控制不了自己的身體，只能一再的忍耐，不停的承受。

就這麼樣的一天過一天，醫生與全家人都依舊討論不出一個確切的答案，每天進來看到我始終睜大著眼睛，像是在示意他們，我的意識很清楚。在家人與醫療團隊的眼裡，是滿滿的心疼與不捨，想為我做什麼卻什麼都做不了，只能看著我承受所有痛楚。就在大家舉棋不定的時候，我的生命跡象居然逐漸回穩，白血球由三萬多降至一萬多，血壓與血氧也在安全範圍，主治醫師立即改變看法，建議積極治療，進行截肢手術，尤其評估後，我的意識非常清楚，眼睛雪亮，請求家屬告知我的病情讓我了解，詢問我是否願意接受截肢手術。

雖然生命跡象好轉，對家人來說是個好消息，也是機不可失的機會，然而這樣的消息，怎麼開得了口問我呢？真的非常非常難。

哥哥說：「我們每天看你這樣真的很痛苦，因為每一次進去看你，我們都必須故作堅強的給你鼓勵與打氣。但其實我們知道你可能沒什麼希望，這種感覺就像是在說謊，非常糾結我的心。我們每一次去看你，都只能強忍眼淚，不敢在你面前哭泣，因為知道你很勇敢的在努力，我們不能哭，但只要一出病房，我們的眼淚就會忍不住的不停流下。」

爸爸：「我們始終難以啟齒，因為看你這麼拚命，爸爸卻又要告訴你，你其實沒有什麼機會活下來，這是多麼殘忍的一件事。到底我們是要讓你明明白白的離開，還是乾脆就不明不白的在睡夢中離開？實在太難抉擇。」這是我的家人，最煎熬最悲痛的經歷，明知道我沒有什麼希望，卻要不斷的給予我力量，讓我繼續支撐下去，那種感覺我永遠無法體會，相較於他們，我覺得自己所承受的一切顯得微不足道，比起家人內心的痛，內心的煎熬，我所承受的一切根本不算什麼。

然而，該面對的還是要面對，畢竟醫生說，這可能是最後一次機會了。最終，在家人與醫生的討論下，決定必須尊重我的意願，告訴我事實的真相，這絕對是我這一輩子遇過最難的一道選擇題。

爸爸：「煒煒，我是爸爸，你會不會想知道自己現在傷得怎麼樣？」

我慢慢的不斷點頭，示意爸爸「我很想知道」。

爸爸：「好！可是狀況可能跟你想像的完全不一樣，你要有心理準備，你確定嗎？」

我再一次的點頭，爸爸接著開始跟我說我的狀況，用最簡單的方式讓我理解。

爸爸：「煒煒你燒得很嚴重，可能沒有辦法活下來，前幾天裝葉克膜，只是讓你能夠多活幾天而已，裝了並沒有改善你的病情。」

聽到這裡我的情緒已經有點不穩，可是這些我在幾天前就已經知道，不然爸爸不會問我要不要到另一個世界當天使。

爸爸：「但是，現在醫生說我們有一個可以拚一把的機會，拚過了就活，拚不過就會離開這個世界。煒煒，我們沒有退路，現在只有兩條路可以選。」

我還能記得那時候爸爸在跟我說的時候，是那麼的溫柔，那麼的平靜，就好像只是在跟我商量一件普通的事情一樣。

爸爸輕聲的說：「煒煒，不管你選擇哪一條路，都沒有關係，爸爸都會尊重你，只要你想清楚就好。」

我沒有辦法想像爸爸此刻的心情到底是如何。要有多麼強的一顆心，才能這樣開口問自己的兒子。

爸爸：「我們只有兩條路可以選擇。第一條，放棄急救，結束自己的生命，離開這個世界。第二條，截肢保命，截掉四肢來換取活命的機會，但是這樣的手術，存活率只有5–10%不到。」

爸爸說完後，靜靜的等待我的回覆，而我的眼淚早已止不住的流下來。

我：「這一切都是真的嗎？我是不是聽錯了？我努力了這麼久，我忍耐了這麼久，為什麼得到的是這樣一個答案呢？這到底是為什麼……」

我感到非常的絕望，我無數次躺在病床上想像過所有的可能，卻從來沒有想過會是這麼殘酷的狀況，但是，這就是事實，它不是一場夢，更不是一場遊戲，選擇了就無法重來。爸爸和媽媽輕輕拍著我，安撫我的情緒，即使我全身都被包住，他們依然能夠看到我眼裡的淚水及感受到激動的情緒。哥哥說他們看在眼裡，心非常的痛。

但是，沒有多久的時間，我點點頭，示意「我要拚下去」，爸爸媽媽也接收到了這樣的訊息，而且還反覆問了幾個問題，讓我用眼球上下左右選擇答案，確認我的意識是不是真的是清楚的。最後，確定了我的選擇，是第二條路，截肢保命「拚下去」。

在當下我選擇截肢這條路，很多人都這樣說：

「你只是想活下來，根本什麼都不知道。」

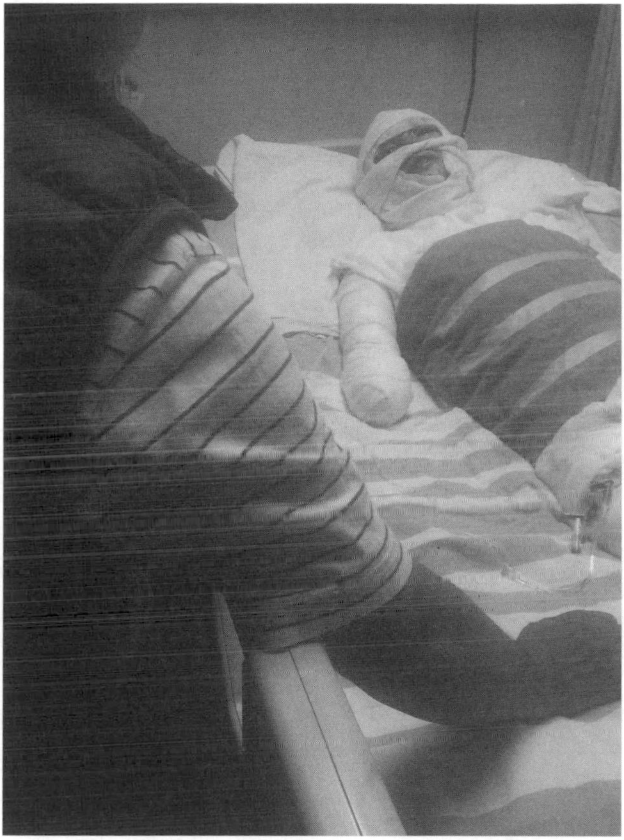

全身體無完膚，紗布底下是滿滿的傷口，但這已經是身體狀況較好時候的樣子，可想而知在面對選擇截肢的當下，身體狀況有多麼的糟糕，需要承受的痛楚我無法用文字敘述。爸爸媽媽始終陪伴著，與我做每一次手術的討論，尊重我所有的決定。

「你很自私，都沒想過這樣會拖累你的家人。」

「你太年輕了，根本不知道社會的現實，沒有了手腳以後的未來，會非常的辛苦。」

這些都是許多人在我做出選擇截肢的時候，對我提出的質疑與謾罵。然而，事實是我非常的清楚我在做的是怎麼樣的一個決定。這個「最難的選擇題」，我被反覆問了好幾次，家人每一次能夠進來加護病房的時間有限，但是總會再一次的跟我確認，包括連主治醫師都親自詢問了我好幾次，來確認我的選擇。他們甚至重複的告知我，目前為止所做過的手術還有確切的病情，以及我未來可能面對的種種問題，這所有的一切，在當下，我都非常的清楚，即使醫師坦白跟我說，這個手術的存活率非常的低，只有5%而已，我始終的答案都是「我要拚」。

PART 2

困在醫院的212天

1. 因為我還有愛的人們

爸爸：「我們只有兩條路可以選擇。

第一條，放棄急救，結束自己的生命，離開這個世界。

第二條，截肢保命，截掉四肢來換取活命的機會，但是這樣的手術，存活率只有5–10%不到。」

我：「我要拚！」

「黃博煒，為什麼你會選擇截肢呢？」

這個問題我被問了無數次，究竟是什麼樣的原因，什麼樣的力量讓我毅然決然的選擇這條路呢？

當在病床上，思索著這個「最難的選擇題」，我選了第一條路，就真的離開了，什麼都沒有，再也沒有機會看看外面的世界，再也沒有機會跟家人坐下來一起吃飯，死後究竟會到哪裡我也不知道。我要選擇離開嗎？

不！憑什麼？我才二十二歲，我的人生才正要起飛，一直以來我這麼努力的活著，高中就開始打工賺錢，即使大二一度休學，但是我在那一年內努力的賺了很多錢，也學到許多技能，備受主管肯定，隔年回學校唸書，每一天都把自己時間塞得滿滿的，因為工作後的我知道自己的競爭力還不夠，所以當別人在玩的時候，我都很努力的充實自己，也讓自己在大學畢業前就擁有超過十張以上的證照。也因此大三企業實習的時候，成功的面試上了很好的科技公司——研華科技，一切的一切都越來越順利，現在卻要我離開這個世界？我不甘心！

我心裡非常的氣憤，我一直很努力的活著，為什麼老天爺會讓這意外降臨到我身上？我不妥協，我要做的事情還有很多，不想就這樣充滿著遺憾離開。而且，最重要的一點就是，我愛我的家人，他們還在等我！打從火場發生意外的時候，不斷讓我堅持下去的就是家人的力量

我：「爸爸、媽媽、哥哥、阿嬤還有我所有的親人，你們知道嗎？我黃博煒一點也不勇敢，我的勇敢是因為有你們，因為你們一直陪伴在我的身邊，一刻都沒有離開過。我很害怕，真的！這一切來得太突然，我什麼心理準備都沒有，但是是你們讓我知道，無論我變成什麼樣子，我永遠都

還是你們的煒煒。」

家人，一直是我最大的勇氣來源，我黃博煒不是天生就樂觀、勇敢、堅強，我只是一個跟大家都一樣的平凡人。但是我很愛我的家人，還有好多事都來不及做，縱使截肢又如何？至少我還可以繼續活著，至少還有機會可以繼續努力。

這個世界上不是只有我截肢，很多人天生四肢缺損，如羅患海豹肢症的患者，力克．胡哲，天生嚴重肢體殘缺，但是他的人生一樣過得非常精彩，一直到今天都在發光發熱，那為什麼我就不行呢？當然我知道那些精彩的背後，一定是花了無數的努力及時間，慢慢耕耘慢慢練習，才能夠使自己過得精彩。然而當下我怕的不是我不努力，而是怕老天爺不願意給我機會，因為存活率只有5%。

那一場手術，非常的漫長，尤其是在開刀房外等候的家人。我難以想像那種感覺，辛苦的是他們與醫療團隊，醫生時時刻刻在跟時間賽跑，血壓不停上上下下，每分每秒都相當的驚險。但是對我來說只不過是睡著了一般，我要擔心的是還有沒有機會可以再一次睜開眼睛。

然而，我很幸運能夠寫下我的故事，因為那5%的存活率，我成功的挺下來了！

即使只有5%的機率，也要勇往直前不放棄。

2. 奶奶教會我們的事

我黃博煒成功拚過那5%的機率，活下來啦！當我醒來之後，醫生告訴我成功了，真的很開心，殊不知那只是我的其中一大關卡而已，我依舊處在高危險的狀態，生命跡象依舊非常的不穩定。

截肢手術並不是在第一次的時候就截去四肢，身體沒有辦法負荷同時做這麼多部位的手術，所以一開始是由狀況較差的腳開始，而且不是只有截一次，後續還做了往上修的手術，才到了現在膝離斷的位置。

即使一次又一次都為了活下來而做抉擇，我始終堅持著自己想走的路。插管的日子其實很難熬，明明意識非常清楚，卻控制不了自己的身體，一方面嘴巴插管無法表達，一方面身體被固定著不能動，唯一的自由是我的意識。我的表達總是只能讓家人用猜的，只能用露出來的眼睛及微微的點頭來進行交流。這真的非常的痛苦，常常都會因為探望我的人猜不到我的想法而感到生氣。可是你知道嗎？更慘的是我連怒吼的權利都沒有，即使再生氣，卻只能在那張小小的病床上發出些許的震動；然而情況不會有改變，氣過了，還是只能繼續的忍耐。

我還記得好幾次我在尿布裡大號的時候，想要請護理師幫忙更換，卻不知道要如何表達，我只能用盡全身的力氣搖著病床，試圖發出一點聲音來吸引護理師，但是護理師的工作非常的忙碌，要照顧的病患很多，沒有辦法立即到我身邊。而且有時候即使過來了，也無法立即了解我是哪裡不舒服，畢竟每一個傷患的狀況都有些不同，再加上我沒有辦法表達，所以總是只能一個一個問題問，再看我的反應。護理師真的很辛苦，我還記得有一次才剛幫我換完尿布沒有多久，我馬上又拉肚子，拉了很多，整個病房都很臭，聽到許多人在抱怨的聲音，畢竟那味道真的很噁心，但是這也不是我願意的，我也控制不了。

再加上我的屁股有傷口的關係，所以每一次只要有排泄物的時候，排泄物一與屁股燒傷的傷口接觸，就會產生難以形容的刺痛感，我只能盡量用身體的力量撐起一點點，試圖讓尿布與屁股稍微分開，減緩疼痛感，但是身體的力量並不夠，一下子就又會掉下來，整個接觸到排泄物，然後等到我一有力氣就會再抬高，這樣的過程不斷反覆，直到護理師過來更換。

不得不說，換完的時候，那種感覺真的像是瞬間解脫了一樣，即使身上有許多不舒服，卻還是會感到愉悅與放鬆，你可能很難相信，這種事情卻是在那樣的日子裡少有的小確幸。

隨著外面的新聞越報越大，知道的人也越多，收到的加油打氣也越來越多。我的哥哥透過臉書社群網站等方法，集結了許多來自朋友、同學、藝人、社會大眾的加油錄音檔，整理後收錄在ＭＰ３播放器中，然後放在我的病床旁邊，反覆循環的播給我聽，在我很痛很不舒服的時候，伴隨著我的就是這來自四面八方的加油。有時候護理師想要把ＭＰ３關掉，我總是會賴皮的想要再多聽一下。我覺得能夠撐下來不是只有自己的力量，而是來自於大家一起為我的祈禱。在我最脆弱的時候有這麼多的人給予加油打氣，我想要說的是，謝謝你們，言語絕對無法表達我的感激，但是那樣的日子能夠有你們的陪伴，真好。

時間一天一天的過，過了一個月，身體還是在高感染的狀況，比起前期，感染源有降了許多，但是我能用的抗生素已經不多，如果感染控制不住，一樣會引發敗血症而死。必須在身體允許的狀況下做手的處理。原先最一開始的討論，醫生是說需要截掉壞死的部分，所以可能四肢都會切除，但是手部近期從外觀來判斷，或許有機會保留下來。這樣的消息讓家人非常的開心，所以在血壓狀況允許的情況下，做了手部清創的手術，在外等候的家人滿心希望手可以保留下來。但是，手術開始沒有多久的時間，醫生請家人到手術房外，拿了我右手壞死的肉讓他們看，右手經過深入觀察後，發現狀況很糟糕，必須截肢。全家人再次傻了，因為原先期盼著好消息，即使有心理準備，也不希望是這樣的答案。當下醫生問家人是否截肢，大家沒有辦法決定，請求醫生先暫時保住，因為要再次的詢問我。

這讓家人再次陷入絕境。好不容易一關挺過一關，看著我一直努力拚命才撐到現在。他們手術前還告訴我或許有機會保留手，當下我聽到的時候是多麼的開心啊！但是，現在他們卻不得不再一次打擊我的信心。該怎麼問？真的難以啟齒。這時候我剛拔管學習自主呼吸沒有幾天，當我醒來以後，用非常小聲的氣音詢問我手的狀況是如何，然而沒有人願意跟我說。後來是醫生主動告訴我，右手保不住了，一樣的狀況，不截肢就會死，讓我自己好好的想清楚。爸爸媽媽也進來問我，為了保命，手也必須截肢，還願意再拚嗎？

我：「切！」我當下非常快的就決定我要繼續拚，爸爸媽媽還怕我沒有想清楚，跟我說可以想一想，晚上再給他們答案，我毫不猶豫的猛搖頭，用非常微弱的氣音說：「我要拚！」我其實哭得很慘，整個臉漲紅，可是我知道不截肢就會死，我不要死，我要繼續活下去。

那一天下午的時候，在聽完我的決定以後，爸爸跟哥哥去看奶奶，也把這樣的消息讓老人家知道，基本上做完這個手術就可以確定我走向新的人生了，但是讓人意外的是，奶奶反而看得很開，安慰著爸爸。

（底下是台語對話）

爸爸：「煒煒就算好了起來，但是身體已經不完全了。」

奶奶：「腳不能動，沒有關係，可以坐輪椅或是裝鐵腿，只要煒煒的頭腦沒有傷到，他就是煒煒，交給老天爺去決定，我們要加油，要堅強！」

爸爸聽到這邊，情緒很激動，萬萬沒想到奶奶居然這麼的堅強，這麼勇敢，還安慰著他跟哥哥，我後來知道了真的非常感動，奶奶是很傳統的人，沒有唸過什麼書，懂的東西也不多，我是最小的孫子，一直都很疼我。我知道奶奶的心裡一定也很痛很痛，可是卻比大家都表現來得堅強，這真的讓我很感動。對奶奶來說，煒煒永遠是煒煒，沒了手腳還是我，永遠都會愛著我，這就是家人之間的愛，奶奶教會了大家，無論我變成什麼樣子，我永遠還是黃博煒，這樣的愛也讓爸爸更振作了起來。

隔天進手術房前，大家圍在我的病床，雖然沒有腳截肢時那麼的危險，但是存活率依舊不高，所以大家還是很緊張，生怕這就是最後一次見到我了。我永遠記得爸爸在我進去前，用有點生氣的語氣對我說的話。

爸爸：「黃博煒你既然決定要拚，就給我活著出來有沒有聽到！」

我用盡全力的說：「好！」雖然是氣聲，但是他們聽得很清楚。

手術房外，家人打從心裡期盼奇蹟再一次的發生，最後很幸運的，我成功的度過這個難關。雖然幾天後，當我生命跡象漸漸走向穩定的時候，血壓卻再次掉了下去，甚至發出病危通知，差一點升壓劑就升不上來了，但是總覺得老天是特別眷顧我的，讓我一次又一次有驚無險的度過了。

就這樣經歷一個又一個，大大小小的生死關卡一個多月後，我的生命跡象逐漸穩定，正式離開了加護病房，轉到一般隔離病房，開始了我的住院人生。

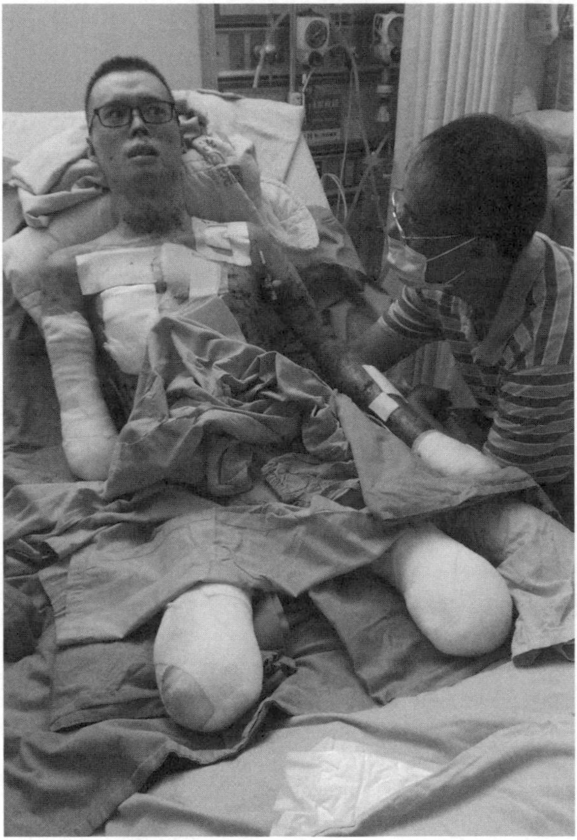

家人的心是最痛的，但是他們總是在我身邊，陪伴著我渡過一個又一個的難關。更重要的是，家人讓我知道，無論我變成什麼樣子，我永遠是他們的煒煒。家人是我的依靠，也是勇氣的力量泉源。

3. 活著的感覺

花了一兩個月的時間，我的生命跡象才真正穩定下來。雙腳及右手為了保命而截肢，左手雖然成功的保留下來，但是手指不會動，甚至沒有感覺，功能微乎其微。但是，這樣的結果已經比大家所預期的要好了，至少我還活著。

拔管是一個非常重要的里程碑，因為當不能說話、不能寫字、不能明確傳達自己意思的時候，是很痛苦的。這不是電視節目在玩比手畫腳，而是封住了表達的能力，真的很苦。所以在拔管的那一剎那，雖然拆除過程因為牽扯到傷口流血很痛，可是我笑了，因為我終於可以重新擁有說話的權利了！我看著爸爸媽媽，微微的張開我的嘴巴，緩緩的動了：「爸爸，媽媽。」聲音是氣音，很小聲，沒有什麼力氣，但是我知道他們有聽到。歷經重重關卡，我終於能夠再一次叫我的父母了！雖然只是短短的幾個字，但是這一切卻是那麼的不容易。

能夠挺到這一天，說真的我連想都沒有想過，我以為我可能傷到呼吸道，要插管插一輩子，吃東西都只能夠仰賴鼻胃管。我還記得拔管前，每天早上都會更換嘴巴附近的紗布，當護理師用生理食鹽水在清理的時候，我都會偷偷的把流進嘴巴內的食鹽水喝下去，雖然是鹹的，可是我卻非常渴望它再多流一些進來，因為一天當中或許只有這個時候可以喝到水。當然不是因為殘忍不讓我喝水，而是我的狀況不可以直接這樣喝，這樣很危險，可能會引發一些突發的狀況，所以都是直接用點滴的方式來補充身體的水分。可是這樣依舊不夠，想喝水是人的本能反應，所以我總是會偷偷的把清理傷口的食鹽水喝下去，你可能不相信，那鹹鹹的水對我來說很美味，是一天之中能夠小小感到開心的事情之一。

拔管後，除了叫「爸爸」「媽媽」以外的第一件事

我：「水……水……水！」

雖然沒有辦法講完全一個句子，可是爸爸聽懂了。因為傷勢的關係，我不能直接喝水，所以爸爸用吸管在紙杯內吸了一點點水起來，然後滴在我的舌頭上，當下我閉上眼睛，舌頭在嘴裡轉動，慢慢的吞了下去，我很開心的笑了。

這是我與爸爸媽媽之間，至今都忘不了的一個畫面。爸爸說從我的表情裡看到滿足，在他心裡何嘗不也是如此！

爸爸：「煒煒，味道怎麼樣？」

我：「我無法形容，像人間極品！」

那滴水是我住院以來，與正常生活所接觸到的第一件事情，我的感覺就是幸福！或許對大部分人而言，喝水是一件很稀鬆平常的事，但是對我而言，卻是歷經了好幾次的生死關頭，才得到的這麼「一滴水」，我真的覺得很幸福。

除了喝水外，還有一件對一般人來說同樣很不可思議的事情，那就是忘記如何呼吸。由於插管太久的緣故，我連怎麼呼吸都忘記了。很好笑吧？連人類生存的本能：呼吸都忘了，或許你會覺得怎麼可能，可是在當下，我的身上一直有著監控的儀器，每當我呼吸過快或者太大口的時候，都會使機器出現一些警訊，發出聲音，表示我的呼吸不正常。這時常搞得看護阿姨與護理師快崩潰了，她們總是在旁邊告誡我「吸慢點，吸大口一點，慢慢吐……」，甚至會模擬給我看，有時候她們在演示深呼吸的手勢及樣子會讓我覺得很逗趣，然而隨著身體狀況逐漸恢復及每天的練習，自然而然的成了本能。

復原之路遠比想像中要長，一般我們常聽到的燒傷會有所謂「清創」及「植皮」的過程。清理掉不好的組織，再把身上好的皮膚取下來，利用機器把取下來的皮拉開後，移植到清創後的傷口或者其他沒有皮膚保護的傷口。但是由於我的燒傷面積過大，能從我身上沒燒傷皮膚取下來的皮，根本不夠用，所以在初期是用許多的大體皮膚覆蓋著，也有人稱之為「屍皮」。我一直都很感激這些人的大愛，因為有這些大體皮膚，才能讓我大大減少傷口暴露及感染的風險。

清創植皮的過程，我想這是所有燒傷患者的惡夢。體無完膚的狀況，我持續了很久，那些燒傷較淺的皮膚，只要一癒合後養皮幾天，就要再一次被取下來，留下新的傷口，又要再次重新養皮。這樣的過程我反覆了好幾次，直到那一塊皮膚不能再取為止。每一天早上最害怕的就是聽到護理車在走廊上移動的聲音，一聽到睡意整個就沒了，醫生與護理師一間一間的換藥，可以不斷的聽到哀號聲，當醫師來敲門的時候，我整個人心跳加速，害怕到不行，換藥的過程很痛苦，需要消毒清理全身的傷口再上藥，時時刻刻都很煎熬，然而這是每一天都必經的過程，好幾次我哭著哀求醫生，可不可以麻醉換藥？因為一麻醉就像睡著了，不會感到痛楚，等我醒來就全部換好了。然而，醫生當然不會同意，我的身體已經注射太多太多的藥物了，很多劑量甚至是其他燒傷病患的兩倍，不能夠再一直這樣下去，因為藥物會成癮，就像毒品一樣。

這件事情我很深刻的體會到，因為住院前期我一度喪失了味覺，醫生想要拔掉鼻胃管讓我進入下一個自我進食的階段，卻遲遲沒有辦法，因為所有東西都吃不下去。一開始剛拔管的時候，我還能分辨水與布丁甚至豆花的味道，但是後來酸甜苦辣、雞肉、豬肉等等食物放到我的嘴巴，全部的感覺只有噁心，根本吃不出味道，難以下嚥。當時我慌了，我不知道為什麼會這樣，味覺居然喪失了！後來醫生說，可能是長期施打大量藥物所造成的，所以從那天起，無論是止痛嗎啡、助眠等等藥物都減量，我也盡量能夠忍耐就忍耐，不輕易的施打非必要的藥物。後來幾個禮拜後才逐漸的恢復正常，開始大吃特吃！

曾經發生一件很好玩的事情，那時候我躺在病床上還很虛弱，雖然已經漸漸可以喝水及飲料，但是都只能嘗試性的一小口。有一天晚上，護理師進來時用了口舒跑給我喝，旁邊還有檸檬紅茶，但是只有讓我喝舒跑，沒多久爸爸媽媽進來後，我就跟他們說我要喝檸檬紅茶，在進來前護理師有跟爸爸媽媽說可以喝，但是要小口一點，所以他們就餵我喝了。但是喝了一些後，我覺得還是很想喝，就要求還要再喝。

爸爸：「不行，你剛剛已經喝很多了，等一下護理師進來檢查，爸爸會被罵啦！」

我：「沒關係，你就說你喝的就好。」

我的回答讓爸媽都笑了，雖然身體很虛弱，但是腦袋裡鬼點子還是一堆，說話都說不清楚了，還想要騙人，真是太調皮了。可是這件事也讓爸媽更放心了，孩子全身是傷躺在病床上，還能想出這方法，表示至少腦袋還是好好的，沒有燒壞掉了。

這樣一個新的人生，好多好多的感動無法全部訴說，我很珍惜可以活

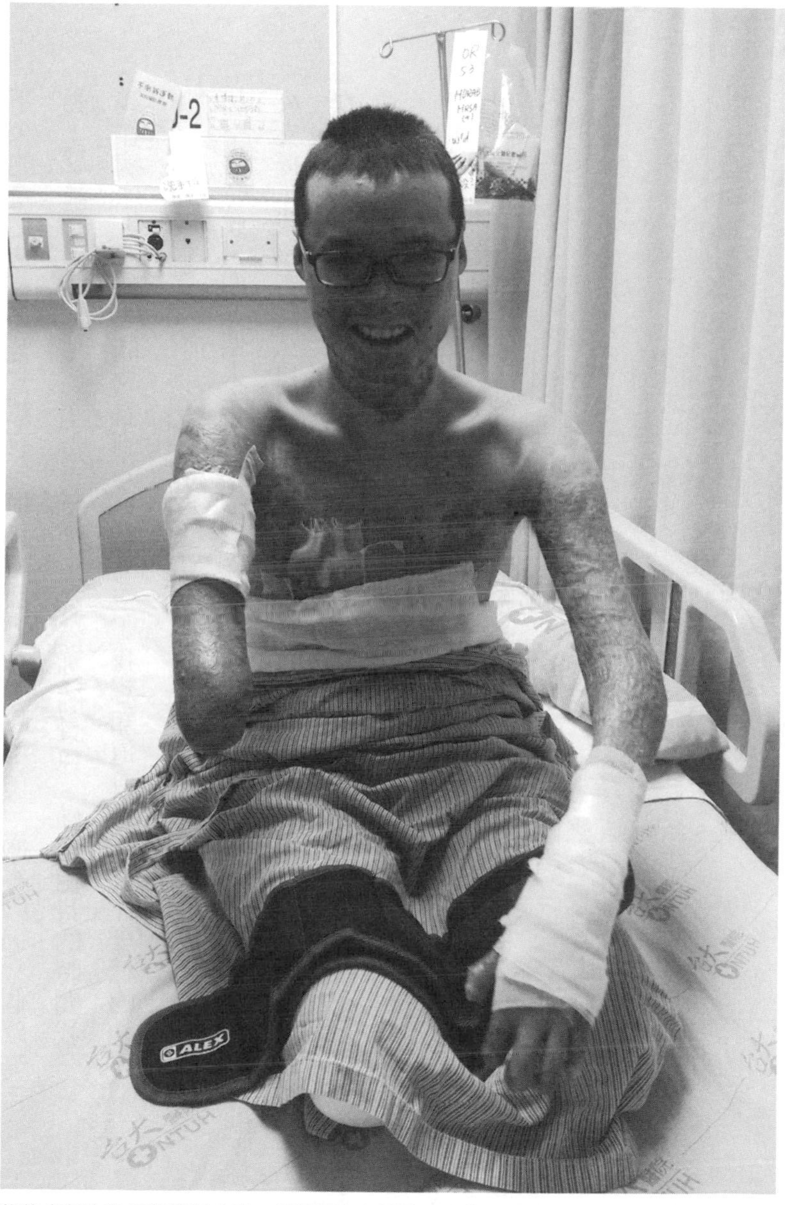

能夠坐起來的喜悅難以言喻，縱使因為身體的不平衡，需要用沙袋放在雙腿上才能維持坐姿，但是我是很開心的，能夠坐著看到的世界真的比躺著要好太多了。

下來的這個機會，苦當然有，但是喜卻更多，除了第一滴水的另一個感動，就是我第一次在病床上坐起來，看到窗外的景色。好幾個月的時間我躺在病床上，每天能夠看到的只有天空，我想知道自己住在什麼樣的地方，可是身體還沒有恢復到可以坐著的時候。可能很難想像，我第一次坐起來的時候是四五個人合力慢慢的把我搬了起來，身體周圍墊了很多枕頭來支撐，我沒有辦法自己坐著，抓不到平衡感，而且一起來頭就很暈，太久沒有坐著了。可是當我看到窗外的景色，內心的感動至今都還記得。

「原來這就是活著的感覺，世界一直都在！」

我的心也漸漸的轉變。小小的病房，看出去的卻是無限的世界，心有了嚮往，更有了勇氣，總有一天，我要再次邁入這精彩的世界！

4. 細說那夜

二〇一五年九月二十日，在這一天的下午，我跟哥哥說我想要看事發當天的影片，其實這件事情我已經說很久了，但是每一次都被家人用各種理由拒絕，當然，他們是因為怕我傷心，怕我看到影片會讓自己陷入那樣的恐懼之中，因為那樣的畫面實在是太震撼了。但是我很好奇，我想知道那天到底是怎麼一回事，我也想從影片當中找尋看看，是否會有我的蹤影。

在我百般要求的情況下，他們答應給我看影片，前前後後總共給我看了兩個版本的影片，我沉默的沒有說話，只是一直反覆的觀看著，爸爸哥哥他們也都沒有說話，一次又一次的幫我放影片，也隨時在注意我的情緒，怕我承受不住。

看著看著，我閉上眼睛，彷彿自己回到了火場，心跳開始加速，下一秒我睜開眼睛，開始敘說當天事發的一些經過，當天發生的一切歷歷在目，我不知道這是我第幾次回想那一天，但是這卻是我第一次說給家人聽，我一度猶豫不想說，因為就如同他們會擔憂我看了影片會傷心；同樣的，我也擔心我敘述當天的過程，他們也讓自己陷入不捨與痛心的情緒裡。

當天我在敘說的時候，其實還滿冷靜的，就像是一個不相干的人在談論別人的故事一樣。一字一句的敘述著，表面上看起來沒有什麼情緒波動，其實心是糾在一起的，但是我不敢表現出來，因為我不想再讓爸爸媽媽還有哥哥們傷心、難過，所以我裝作自己好像一點也不在意似的，反正都已經過去了的樣子。

很快的，我把當天的來龍去脈都說給了他們聽，當下我的家人沒有什麼特殊的反應，在聽到我一次一次本來要離開活動會場，像是玩累上來休息、與同學約好八點半離開、擔心同伴的門禁問題等等，卻一次又一次的留下，導致最後我深陷火海，我們都一致的笑著搖搖頭：「注定的啦！」這倒是真的，其實一直到今天，我自己還是會常常想到這個過程，每次回想，都總覺得這似乎就是一場避不開的劫難，不過這些對我現在而言，早已不重要，我曾經聽過一句話：「當事情發生，它就已經過去了。」沒錯！無論當時是怎麼樣，這些早就已經是過去式，而我更該琢磨的是下一步該怎麼走。

當然，當天我在醫院時候的情緒，可沒有像現在這樣樂觀、豁達，雖然表面上我很平靜，可是我是壓抑著自己的淚水，不願被爸爸媽媽看到我流淚，他們為我掉的淚，已經太多太多。哥哥在私底下的時候告訴我，那一天他們聽完以後，他陪爸爸去抽菸時，爸爸說他聽我在描述已經聽到頭很痛，甚至很想去撞牆，依舊不敢相信這一切是發生在我的身上，尤其聽到我本來甚至沒有要參加這場活動的時候，他真的心裡非常的難受，多麼希望可以為我承受這一切，哪怕分擔一些些都好。不過這些，當天我並不知道，我在把過程講完的時候，看到爸爸有點皺眉頭。

我就跟爸爸說：「爸爸，你幹嘛愁眉苦臉的，我們從送到醫院急救，一直以來這一路已經非常不可思議了，而且比起之前我連說話都沒辦法，現在可以恢復成這樣，已經很好了啊！就不要愁眉苦臉的了。」

因為我不想爸爸再一次的傷心，而且我也是打從心裡面覺得感激，一次又一次的挺過死關，好幾次都可以說是奇蹟，連國外醫生都覺得

「Amazing」，所以我也希望爸爸不要難過。

其實在九月二十日這一天的晚上發生了一個插曲，原本一整天的心情還算平和，直到爸爸跟哥哥兩個吵了起來，我瞬間情緒大變。他們是在討論我該吃什麼高蛋白好，還是其他營養品，因為意見有點不合，所以彼此的語氣越來越差，甚至吵了起來，我突然很傷心的就哭了起來，生氣的咬牙顫抖著。

我：「你們可以不要為了我要吃什麼而吵架嗎？這樣我寧願不要吃，我多復健一年都沒有關係，開開心心的聊天跟好好說話，不是很好嗎？不要吵架了好不好……」

這段文字是哥哥幫我記錄下來的，哥哥說當下他跟爸爸都有嚇到，因為我幾乎沒有在家人面前掉過眼淚，就連換藥的時候也是一樣，很少看到我會哭得這麼傷心。所以當下趕快安撫我，也暗地裡跟爸爸說盡量不要在我面前起爭執，以免影響到我的情緒。

哥哥：「其實那時候我跟爸爸覺得很慚愧，你都已經受傷成這樣了，還一直想著家人，不擔心自己而是擔心我們，連多復健一年這種話都說出來，而且知道你不是在說氣話，是在為了我們家人啊！」

其實家人之間的爭吵，一直都很容易牽動我的情緒，尤其在住院的時候，我每一次看到家人吵架我就會很生氣，甚至很容易的會掉下眼淚，反而換藥什麼的，都沒有那麼常哭。很多人也很好奇，我為什麼對這樣的事情特別的敏感呢？

因為「如果我沒有受傷，這個爭吵就不會發生」。我是打從心裡面這樣覺得，一直以來帶給我最多力量的，就是我的家人，我可以為他們付出非常非常的多，我也願意為了他們犧牲許多的事情，同樣的，他們也都願意為我做這樣的事，因為這就是我的家人。可是每次他們一爭吵，我就覺得很不值得，為了我而吵架非常不值得，當我說出「我願意多復健一年」是希望他們可以不要為了我吃哪種高蛋白而爭吵。對於我來說，家庭和諧是我最希望的，我不要自己努力活下來之後，反而破壞了這種和諧，反而因為我的一些小事，讓他們彼此之間起了不必要的爭執，這對我來說，就失去了活下來的意義了。

5. 別人看不見的那一面

我住院的時間長達七個月，時常都會有訪客來探望，我身邊幾乎所有的人都知道我受傷了，甚至許多都是許久沒有聯絡的小學同學，或者是一些球友。

只不過，人家都說「人紅是非多」，倒是發生了幾件讓我們很傻眼的事情。有一次我剛睡起來，突然看到一位女生走進來，手上拿著手機像是在對著我拍攝似的，但我也只是懷疑。

我問她：「請問妳是誰？」

陌生女：「黃博煒是我啊！你不記得了嗎？」

她又稍微走得更近，當下只有我跟她，因為爸爸跟看護阿姨剛好去買一下東西。

我：「不好意思妳是？」

我很清楚的看到她的臉，可是我真的不記得她是誰。

陌生女：「你忘記囉！你以前都還會騎腳踏車載我去上學啊！」

我：「呃……有嗎？」

基於禮貌，我笑笑的，可是我心裡滿滿的問號，誰啊？我騎機車都沒載過幾次誰上學了，何況是腳踏車！這真的太奇怪了，我心裡已經開始警戒；然後，她開始問一些我的狀況或者之前的一些記憶等等，都是受傷後的事情，我更覺得詭異了，我心想會不會是媒體朋友呢？因為在住院的期間，我身體狀況及體力無法負荷，所以從來都沒有一次報導是我本人受訪的，許多新聞都是透過醫師及家人來傳達，我不免起疑這個陌生女子究竟是什麼人。後來爸爸進來後，與她打招呼，她回應後轉頭跟我說：「那博煒你先休息，我就不打擾你了。」接著很快的離開。

我越想越不對，跟爸爸說：「爸爸你趕快出去追那女的，我不認識她，但是她說是我的朋友，然後剛剛手機好像一直對著我，你去看一下是不是有拍照什麼的。」

爸爸立刻衝出病房，去追那個女生。這件事情一直到現在還是匪夷所思，當然也有可能是我當時真的突然忘記對方是誰了，不過至今似乎也從來沒有聽到身邊哪個朋友提起這件事，所以覺得很奇怪。

另外一件事也很詭異，是發生在我還待在加護病房的時候。我的媽媽跟哥哥就坐在加護病房外的椅子，走廊上有慈濟關懷的人員，也有醫護人員在走來走去，突然一直聽到有人在找「黃博煒」，慢慢的往我住的這間病房靠近，到門前醫護人員詢問她的身分，她說：「我是博煒媽媽的朋友。」醫護人員看向坐在旁邊的媽媽。

媽媽：「請問妳是誰？」

陌生女：「妳好，我是博煒媽媽的朋友。」

夠傻眼了吧！這一切都是真實發生，我的媽媽在妳面前，妳都認不出來還說是媽媽朋友？非常的離譜，連醫護人員都傻眼了，媽媽根本就不認識她，表明身分後沒多久，她就摸摸鼻子離開了。

事後在我轉進普通病房的時候，媽媽跟我說了這段經歷，我聽了也是笑著搖搖頭，無論對方是好意關心還是其他目的，這真的太滑稽了。可是也有其他一些讓我很感動的事，我的一位摯友「安安」，在我受傷的第一時間就趕到醫院來探望我，幾乎每一天她都會出現，甚至幫忙照顧我的家人，也會進來加護病房給我加油打氣，甚至在我剛拔管不太能說話的時候，用很大的壓克力板，上面寫滿ㄅㄆㄇㄈ注音符號讓我可以表達自己的意思。雖然我有時候還會像小孩子一樣，因為她沒有弄明白我的意思而有些發脾氣，但是安安總是給我笑容而且很耐心的陪伴，安撫我的情緒。這一切就好像整個人生重新來過，從嬰兒開始學起，辛苦的一直是身邊的家人與朋友們，我很感謝也慶幸大家的不離不棄。

住院期間很常有人來探望我，總是給我許多鼓勵，甚至常聽到別人稱讚我，「你很棒」、「很堅強」、「很勇敢」，每一天不斷不斷的接受到這項訊息，心裡當然是很開心的，被肯定的感覺真的很好，所以每一次大家看到的我總是笑嘻嘻的，而「堅強」兩個字也無形中與我的名字連在了一起。

這件事情這樣合理嗎？不，並不合理，其實我只是一個與大家一樣的平凡人，突然失去了手腳卻整天笑嘻嘻，這根本是一件非常詭異的事情，不是應該大哭大鬧發脾氣嗎？其實我很想，也的確有，只不過從來沒有表露出來讓別人看到，包括我的家人。

好一段時間坦白說我都是強顏歡笑，並不是真的開心，而是不得不刻意呈現的一種狀態，有幾個原因讓我卸不下那故作堅強的面具。發生這樣的意外對心理的創傷一定很大，內心其實很脆弱，可是當每一天一直聽到有人說「黃博煒你很堅強、勇敢」的時候，就好像堅強是我一定要呈現出來的樣子，不這樣就不是黃博煒了。不知不覺，我把自己的心埋藏在最深處，把堅強兩字當成我的一個武器，裝備在我受傷的心靈外面，武裝自己，不讓別人看到我脆弱的一面。甚至連朋友來的時候，明明身體很不舒服，心裡很失落還要故意裝作自己很猛的樣子，自以為是的說：「你看燒成這樣我都還可以活著，屌吧！」其實那不過是在掩飾自己的悲傷罷了。

在家人的面前也是一樣，我沒有，應該是說我不敢表現出脆弱的那一面，我曾經想過，如果我真的很難過很傷心，那爸爸媽媽要怎麼辦？能怎麼安撫我呢？答案是：很難。因為我的經歷真的很慘，八仙塵燃受傷的人很多，可是截肢的非常少，雖然外面有非常多很勇敢的生命鬥士，可是在當下那些人的故事離我太遙遠了，就眼前同一個事件的人來看，坦白說我很羨慕他們，縱使燒得再怎麼嚴重，手腳依舊在，努力復健、開刀，終有一天可以恢復大部分的功能，而我呢？

好幾個夜晚裡，我躺在病床上默默的掉眼淚，我不敢哭出聲音來，因為我怕被人看到我脆弱的一面。我舉起我的右手，很氣憤的想握緊我的拳頭，可是前面空空的，我感受不到握拳的感覺，想生氣搥床的權利也沒有。躺在那裡我也總想：「為什麼是我？」想了無數次想破頭也從來沒有得到答案，只能自己一個人默默的哭泣，隔天再一樣故作堅強的用笑臉面對大家。

躺在床上的時間很長，我也總是會想到自己過去所做過的那些事，我真的很愛很愛打籃球，即使上課再累，工作再忙，我都一定騰出時間去打球，可以說到了瘋狂的地步。我身高不高但是我跳得高、速度快，我很享受那種快速移動，然後在比我高的人面前急停跳投後進了的感覺，真的很爽！我對自己的準頭也滿有自信心的，可是這一切又如何？沒有機會了，我看著我的手，右手沒有前臂，左手手指焦黑不會動，雙腳也不見了，還談什麼籃球，那些再也沒有機會做到了，全部都只能靠嘴巴吹噓了，誰會信？信也只是同情而已吧，我想。即使我以後能打球，可是也不可能比以前厲害了。

不知道哭了多少的夜晚，總是邊流淚邊想著這些事情，隔天再繼續裝作沒事。「為什麼在家人面前還要偽裝自己呢？」我問過我自己這個問題，其實是因為愧疚，我一直都為自己受傷這件事情感到愧疚。今天對我來說，不管受傷這件事情是我自己造成的，還是別人造成的，這些都不是最重要的，因為傷害已經造成，我讓我的家人傷心了，我該如何去填補家人心中的傷痕，對我而言那才是真正最重要的一件事。

慢慢的，我想通了一些事情，我該把時間用來後悔、懊惱、悲傷，還是彌補我的家人呢？心裡漸漸有了決定，我也想到了自己當初想要活下來的初衷，活下來不就是因為我還有很多事情沒做，想做的嗎？哭又沒有改變我任何的現狀，再難過手腳都不會回來，我沒有超能力，不是整天盼望，然後，手腳就會長出來。它們一定也不希望自己的犧牲，是換來一個整天鬱鬱寡歡的黃博煒。

我要振作！我還有好多事情想要做，而且這一路走來是多麼的辛苦，才換來現在活下來的機會，我更應該要好好的珍惜，不要再花時間在那些改變不了的事實上了。慢慢的，我開始調適我自己，開始修補自己的心，漸漸的不需要那麼多虛假的微笑來偽裝自己，而是真的在享受「活著」這件事。

心情轉變有一個很大的契機是來自於爸爸媽媽的一段話：

「煒煒，你已經做得很好了，在這件事上你所展現出來的恆心與毅力已經超越所有人了，這些也向爸爸媽媽證明了，無論你身在哪個領域，都會成為成功的佼佼者，爸爸媽媽都以你為榮。」

這段話我一直銘記在心，那時候我聽了很感動，我不知道我在爸爸媽媽心裡的評價是這麼高，我一直害怕讓他們看到我的脆弱，所以不斷的偽裝堅強，而其實他們早就看出來，只不過沒有點破，而是用另外一種方式來激勵、肯定我，讓我不要那麼難過。

從那時候我更決定，我不再讓我的家人流眼淚，我要讓自己堅強起來，我要做的是真正讓他們驕傲的黃博煒。我收起自己的眼淚，不再把時間花在無謂的後悔、懊惱上面，後悔去玩、懊惱一切為什麼是我並沒有意義，因為事實就是事實，把時間花在那些負面情緒上，倒不如拿來做讓白己開心的事更好。

當然，時至今日我還是會難過會羨慕，這樣的情緒從來沒有消失過，只不過沒有那麼強烈了，因為我學會了「珍惜」與「轉念」。我一直以來給自己設了一個比較點，就是「人生最難選擇題」，每當我遇到困難或者情緒低落的時候，總是會想起當時面臨那個選擇題，心裡那種絕望及家人的痛苦，想一想再看看眼前現在的自己，突然覺得比起那時候，至少我活下來了不是嗎？而且，再大的困難，還會比那選擇題更難嗎？不會。

「快樂是一天，悲傷也是一天。人生有許多的事情是我們沒有辦法選擇的。然而『心』是自由的，我們擁有所有的主導權，改變不了環境，改變不了事實，就改變我們的『心』吧！」

6. 離開保護傘

人生沒有後悔藥可以吃，事情發生了就無法改變。八仙塵燃意外的發生已經是一個既定的事實，但是這對我而言會是人生中的阻力還是助力呢？

我想每個人的人生都不可能一輩子都是一帆風順，偶爾會有發生意外的時候，不管是大還是小，那麼這樣的一場意外讓我們學到的是什麼？領悟到了什麼？還是學會的只是無限的後悔，及永遠沉溺在悲痛之中呢？這完全取決於每個人自己的選擇，可以選擇愁眉苦臉過日子，也可以是振作繼續往前進，而我也選擇了我所想要的路，那就是努力的過一個新的人生。

我的人生就像一切從頭來過，曾經的所有計畫全部被打亂，甚至有些再也無法執行，要用什麼樣的方式過生活，一切都成了未知，我擔心，爸爸媽媽更擔心，離出院的日子越來越近，我們就越緊張，兩百多天的住院時光，已經讓我們習慣躲在這安全的保護傘底下，但是身體狀況逐漸穩定，終究是要離開醫院的。很幸運的，陽光基金會一直與我們有聯繫，也始終關心著所有八仙受傷的孩子，並且提供專業的燒傷照顧與復健服務，這也才讓我的家人漸漸的放心下來。

一直以來我都覺得自己很幸運，雖然碰到這場意外，可是我不但有愛我的家人，一路上也遇到了許多貴人，要感謝的人真的太多了，現場救助的無名英雄、醫院的醫護人員、政府、明志科大、研華科技、各慈善團體、社會大眾等等，所有曾經對我伸出援手的人，我衷心的感謝你們，心裡的感激無法用言語述說，你們所做的一切都很有價值，我覺得活下來沒有什麼了不起的，真正了不起的其實是願意幫助我的你們，現在的我能做的有限，可是我會努力的讓活下來的自己越來越好。

住院人生即將結束，新的篇章即將開始，究竟會有什麼精彩的故事呢？讓我們拭目以待吧！

PART 3

不一樣的人生

1. 陌生的自己

出院了，歷經兩百一十二天的日子，我終於邁入人生的新開始。

我的未來一切是未知，雙腳膝離斷截肢、右手手肘僅剩一點點，左手的手指功能微乎其微，這是一個陌生的自己。坐著無障礙計程車返家的路上，我看著外面熟悉的景色，心裡不禁有些感慨，外頭的世界還是一樣，但我卻再也不是從前的我了。悲傷的情緒一時湧現，但是並沒有持續太久，很快的就消失，因為我正在享受著回家的這趟路程。從台大醫院回家的路我完全都知道，甚至可以在腦海裡模擬出來，可是很奇妙的是，我明明知道下一個街口是什麼景色，心裡依舊充滿著期待，就像遊歷在外的浪子，多年後歸來一樣，看著熟悉的一切，勾起心中那曾經的回憶，「我的家，我回來了！」

我的家是一般的老舊公寓，沒有電梯，所以我上下樓必須使用爬梯機，無法直接用抱的是因為身體的皮膚都還很脆弱，就像新生兒的皮膚一樣很嫩，甚至更需要被保護，一個小動作的摩擦就會起水泡破皮，所以完全需要依靠爬梯機。但是在出院前，我的復健科主治醫師就曾經帶著醫療團隊與輔具中心主任及陽光之家的教保員，一同討論如何讓我順利回到家中，及規劃家裡的無障礙環境，並且在出院前就利用一個下午的時間，安排讓我回到家中。那一次的經驗，使得這一次回家真的安心許多，不會一直擔心被弄破皮或者受傷。

回到家中的那一刻，沒有大家想像中的喜極而泣，反而是一種很平靜的感覺，我讓看護阿雅推我到書房，我坐在書桌前打開一格又一格的抽屜，隨意的翻弄著，看著書架上的相簿與畢業紀念冊，一頁一頁的回憶著，一邊嘻笑一邊與旁人訴說著曾經的故事，曾經的自己，心裡的感覺是很奇妙愉悅的。以前畢業紀念冊放在那好幾年我不曾翻過，相簿裡的故事別人問我，我根本也懶得說，可是現在我卻很開心的分享著，大概是因為我差一點就沒有機會翻看這些東西了吧！

打開我的衣櫃，衣服全部整理得整整齊齊，鞋櫃的鞋子也都乾乾淨淨的，我不禁想起哥哥曾經在醫院跟我說的一些話。

哥哥：「黃博煒你知道嗎？那時候我在軍中一接到消息，整個人就大哭了，馬上向長官請假趕回台北，我完全不敢相信你要走了。那種感覺我真的說不上來，記憶是停留在上一次看到你的時候，明明一切是那麼的平常，現在卻突然有人跟我說你要掛了，真的沒辦法相信，心情很複雜。你病危的那時候，連葬儀社都已經聯絡好安排了，爸爸媽媽要我回家拿你最愛的衣服褲子，做壽衣的準備，因為希望你走的時候是體面的。我也才二十幾歲而已，卻要面對這樣的事情，我好好的站在這裡，卻無法想像小我一歲的你即將離去，我回到家裡一直在回想著你原本的樣子，平常看到你的時候都沒有特別注意你愛穿什麼款式跟顏色，甚至看到也不會特別記起來，可是現在那些畫面卻一一浮現。」

家人的感受是我沒辦法體會到的，我不知道他們在當下的情緒究竟多麼的悲痛，可是那些都過去了，慶幸哥哥準備的衣服沒有派上用場，鞋子我也在後來全部直接送人了，畢竟短期我用不到，倒是省了不少錢。

回家的時間很短暫，那時候剛好是過年期間所以暫居家裡，可是出院不代表就痊癒了，燒傷的傷口照護與復健才是真正的開始。陽光之家是陽光基金會提供給有需求的傷友入住的住宿機構。坦白說我一開始聽到「陽光之家」的時候，我心想：「天啊！我這麼年輕就要被送到養老院嗎？不！」

我對它的想像就像一些印象中的療養院一樣，很多病床，一個工作人員同時要照顧七八個傷友，會常常被丟著沒人照顧，日子很無聊吃飽睡，睡飽吃，像被人遺棄了一樣。可是實際上當我到陽光之家的時候，我發現跟我所見過與想像中的養護機構都不一樣，進門看到的是一般的客廳，可以看到傷友自己在吃飯、看電視，甚至復健，房間的規劃也很溫馨，就像住大學的宿舍一樣。我的床一開始吵了很久，因為住院期間臥床太久，導致身體部分肌肉萎縮無力，不太有辦法自己坐起來，所以出院前就要求陽光之家準備一張病床，因為病床才可以升降，協助我坐起來等等的動作。可是陽光之家並不同意，而這與陽光之家的初衷有關。

「陽光之家只是傷友人生中的一個暫時居所，入住之家是為了協助讓傷友儘早回歸到社會上，而不是越來越失能。」

工作人員不希望我出院後只是從一張病床換到另一張病床，這樣我距離「生活」還是太遙遠，大家能做的就是幫你想辦法解決，一起努力看看有什麼方式可以讓你適應。起先我心裡是不好受的，因為對於未知的恐懼讓我有點不想妥協，可是當幾天過後，我居然自己找到方法翻身跟坐起來了！那就是利用身體的擺盪，你們可以試著平躺在床上，手不撐及腳不甩的狀況下，只有上半身使力試著讓自己坐起來，是不是有些吃力，肚子要出很多力呢？同樣的我也是一樣，甚至因為沒有了前肢所以腳重量更輕，手因為無力無法撐，讓我在坐起來的動作變得十分困難，而我找出的方法就像是鐘擺一樣，前後搖擺個幾次成功的讓自己坐了起來。

這樣的動作對老人家或者脊椎損傷的患者是危險的，但是對我倒是小心一些即可。這只是生活中的一些縮影，慢慢的我開始嘗試許多新的事物。陽光之家很不一樣的就是「不出手」，對工作人員而言只要是傷友能夠自己做的，她們從來不出手，即使要花很長的時間，也會耐心的等待傷友自己完成，如果做不到的就會記錄下來，再一起與治療師討論解決方法。

「你要學會接受自己現在做這件事情就是需要這麼長的時間，我們幫了你就永遠學不會，也永遠接受不了現在的自己。」

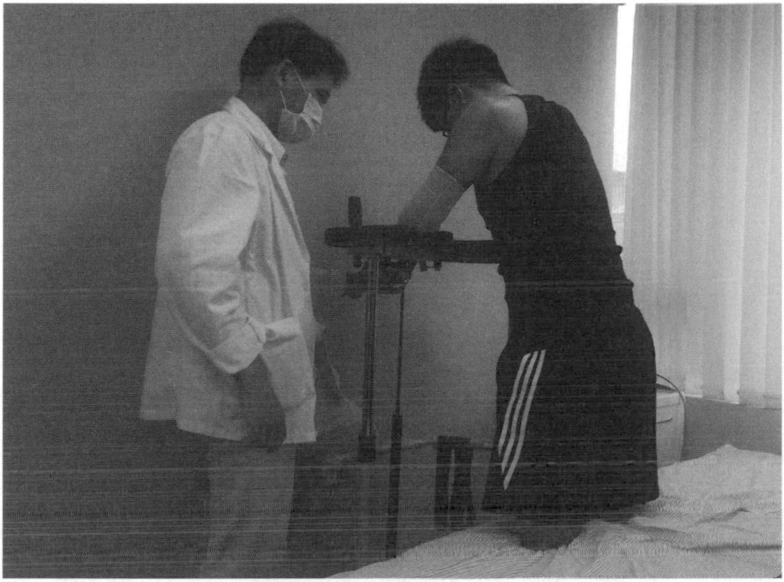

在治療師的協助下，訓練雙腳的耐壓與穩定性。為了日後穿戴義肢能夠承受，這是不可或缺的一環。沒有膝蓋保護的雙腿直接站立是很痛的。

這是工作人員一直給我們的觀念，他們大可以幫我們做大部分的事情，讓自己工作方便順利就好，幹嘛吃力不討好的找罪受，可是他們並沒有，而是真的為了讓傷友恢復生活自理能力，每一星期都訂定許多生活訓練的計畫，一步一步陪著我們前進。

平日星期一到星期五的白天，所有人都是需要出門去重建中心復健，晚上才會回到陽光之家做生活訓練。我的復健前期除了疤痕外，更著重於身體的肌力訓練，臥床導致我身體的無力，所以讓自己找回軀幹的力量是當務之急。每天配合著治療師所訂定的計畫，仰臥起坐、手腳都綁沙包、彈力繩等等，白天做晚上有空閒再做，我可以說真的很努力，因為我看到其他八仙傷友，心裡總會覺得我晚了人家好多，他們都出院復健好幾個月了，「不行！我要追上他們。」不斷的復健，甚至都超過治療師所訂下的功課。

可以用瘋狂來形容，好幾次老師告誡我要適度的休息，不然可能會二次傷害，我總是笑著說：「不會啦！」我心想，我以前運動細胞這麼好，怕什麼！以前練球、練田徑更操，現在根本不算什麼。所以起先的三個多月，我不斷的給自己加強訓練，成效是顯著的，我的身體變得很有力，上下輪椅完全可以自己移位，甚至有高低差的床直接用兩邊手肘一撐就上去了。但是，我畢竟不再是從前的自己了，過度的操身體，終究出現了問題，肩膀、腰等等都開始受傷，不正常的痠痛，尤其是肩膀，痛得好幾天都睡不著，可是肩膀是唯一沒有燒傷的地方，表示是完好的，但是卻被我使用過度，操過頭了，復健直接大幅減量，甚至被嚴重警告不可以再這樣

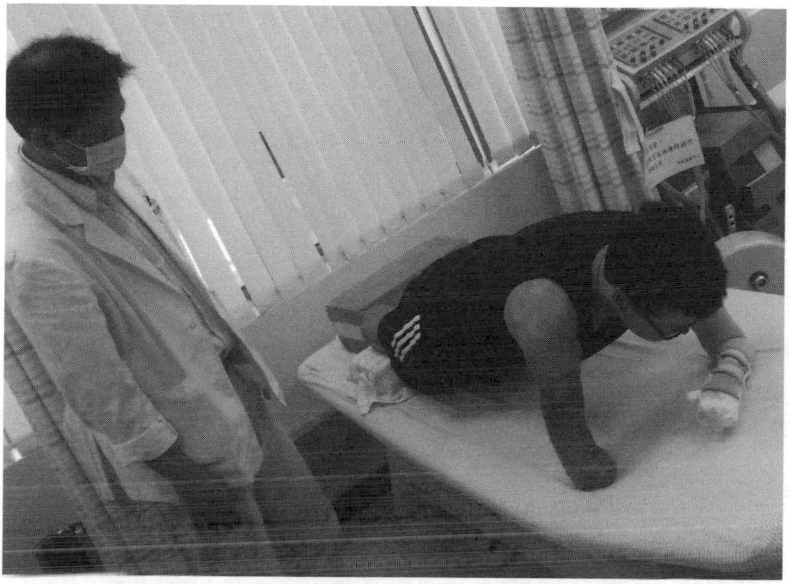

生活上少了手腳，軀幹的力量就顯得非常重要。這是簡化版的棒式運動，訓練我的核心肌群及雙臂的力量，撐不到三分鐘就氣喘吁吁沒力了。

下去。「吃快弄破碗」，原先的一些計畫反而因為二度傷害的關係所以往後推了，原本治療師跟我說要我注意的時候，我仗著年輕根本不聽勸，結果就自食惡果了。

有時候覺得自己也挺不聽話的，傷後常常去嘗試許多的事情，這樣的精神是好的，對老師與工作人員來說這樣的態度是他們樂見的，至少我不是把自己封閉起來，像有一些比較沒有傷那麼嚴重的傷友，要叫他們做常常都叫不動，不願意做嘗

總是喜歡做超過治療師規定的次數，因為我想要趕快恢復，卻把自己用傷，產生反效果，所以後來治療師都會在旁邊盯著我，怕我不聽話。

試，把自己關在角落裡，相較起來，他們當然是鼓勵我多勇於嘗試，挑戰生活上的所有事物。可是前提是「安全」，我總是做一些匪夷所思的事情讓他們心跳加速，當然，我也不是無腦的蠻幹，受傷之後，我很珍惜自己可以活下來的機會，自然不會讓自己陷入危險之中，只不過因為我的樣貌實在是太少見了，所以導致做什麼事情在他人眼裡，都是那麼的新奇。

2. 在我身後的阿雅

二〇一六年三月十二日，這一天是我在受傷之後，第一次嘗試搭乘捷運，這對大部分的人我相信都不是一件難事，但是對我無疑是一項挑戰，你一定以為我的挑戰是用輪椅坐捷運。

不！你錯了，我的挑戰是帶著語言不通的外籍看護一起搭乘。

我坐的是一般的手推輪椅，由於肢體的障礙，我沒有辦法自己推行輪椅，需要由外籍看護——阿雅協助才能四處移動，但是被阿雅推著並沒有想像中的便利，因為語言上的不同，所以有時候我下達一些指令告訴她要往左或者往右，還是要再前面一點點的時候，她往往都會因為聽不懂，所以沒有辦法推到我想要到的位置。

雖然現在大部分的外籍移工到台灣來都會事先訓練學習中文，但是都只是很基礎的一些單字，並沒有大家想像中的這麼好。很多的東西或者是當你今天說完整的一個句子，她們常常是沒有辦法了解我們的意思。我的看護阿雅也是一樣，即使她在台灣已經待了好幾年，不過大部分時間是照顧老人，那些老人幾乎都沒有辦法說話，所以她的語言能力這麼多年過去，依舊沒有很好。

語言能力是問題之一，但是身體狀況也是一大麻煩。起初我以為是阿雅不了解台灣的交通，所以看不懂交通號誌，後來才發現原來是她的眼睛看不清楚；這就要從有一天我在新店陽光之家附近，想要出門去買東西吃的時候說起，我請她推我出去，當我們要過馬路的時候我看到時間大概只剩下十秒，小綠人已經在閃了，可是阿雅居然還在繼續往前推，我當下嚇了一跳，馬上叫她停下來趕快往後退回去人行道

我：「阿雅！妳在幹嘛，要紅燈了耶！妳都沒有看嗎？」

阿雅：「有，我有看！那個綠綠的，所以可以過。」

我：「剩十秒欸！怎麼可能來得及過去。」

阿雅：「弟弟對不起，我看不清楚。」

然後她給我的是一個傻笑的臉，我當下轉頭回來，白眼大概都翻到天靈蓋上了吧！

對！她有近視，但是不習慣戴眼鏡的感覺，所以不願意戴著，雖然跟

她說了許多次這樣會很危險，我的家人也有告訴她，甚至也願意出錢幫忙配一副眼鏡，但是她始終不願意，因為覺得很麻煩，所以不想要做這件事情。

自從那一次差一點就這樣衝到大馬路上之後，我再也不敢相信她的眼睛，因為這件事，我不想要把自己交給一個看不清楚的人身上，實在是太危險了，所以從那次後，我都會跟阿雅說出門的時候，記得要聽我的指令，看我跟妳講說要走的時候再走，這樣比較安全。

當然溝通後也不是就完全ＯＫ，有好幾次我說「走」的時候，她停著沒有動，又或者我說「快一點」的時候，反而給我突然停下來，然後我們就停在路中間，好幾次我真的都差點在路上就破口大罵，因為這樣真的非常危險，我自己沒有辦法移動要依靠看護，我的生命安全等於是交在阿雅的手上，但是這樣的一個人，卻又不能勝任，我心裡面感到非常的不踏實，因為這麼簡單的一件事情，也是非常重要的一件事情，卻沒有辦法做好，反而還常常讓我暴露在危險之中。

所以我特別思考過如何改善這個問題，我不可能輕易的就換看護，因為等待下一個會有空窗期，沒有人照顧，我不希望再麻煩家人。所以我在想的是，為什麼我們彼此總是沒有辦法很好的配合呢？

原因之一是她看不到對面小綠人的標示，所以心裡面一定會很緊張，完全都要聽我的指示，但是因為在戶外的時候，吵雜的聲音非常多，我坐在輪椅上是背對她說話，所以其實距離她是有點遠的，如果我說得不夠大聲或者不夠清楚，她可能就會因為聽不清楚，然後感到很慌張，不知道聽到的到底是「走」還是「停」，所以就常常出現一些不知所措的現象。

知道原因後，我決定慢慢調整自己與阿雅的一些溝通方式，像是在過馬路的時候就會說得特別大聲，或者只跟她說「走」或者「停」的個別單字，並沒有太多的言語使她混淆，讓她可以清楚聽到是哪一個指令。

甚至我會把頭往後轉一點，但是因為脖子也有燒傷，能夠轉的弧度沒有辦法很大，而且會有一些疼痛，只能稍稍的回頭。不過自從我開始用這樣溝通來做以後，真的大大改善了過馬路的這個問題，真心覺得自己做得很對，沒有選擇用謾罵的方式。

三月十二號這天，晚上洗澡護理完的時候，因為時間還很早，我決定去台大醫院探望一位傷友。平常我在往返陽光復健中心的時候都是搭乘無障礙車，受傷後這是我第一次嘗試坐捷運，那時候其實沒有想太多，就直接出門，反正當我遇到問題真的無法克服的話，再返回就好了，也沒有什麼損失。

就這樣我看著Google地圖，指引阿雅往捷運站的方向前進。搭捷運是一件既熟悉又陌生的事情。熟悉的是搭捷運這件事情我已經做過不下上百次，但陌生的是，以前所有我可以輕鬆做到的事，現在因為身體的障礙，所以大部分都不能了。

坐捷運的第一件事情就是要教阿雅買票，她是第一次坐，因為我們平時都沒有搭捷運或者公車，所以我們身上沒有悠遊卡，只能夠現場買票。好在阿雅稍微會一點點英文，捷運站的標示她可以看懂，我能夠直接告訴她我們要到哪一站，並且投入多少錢。買完票要進站，也要慢慢的告訴阿雅，如何用剛剛買的票，對著哪裡感應才能進到捷運站裡面，就像是在教小孩子第一次搭捷運一樣。還有搭乘電梯至月台等等這些事，都需要很耐心的教，因為她沒坐過也不會，所以需要一步一步慢慢地說給她聽，她才能夠理解。

但是我從來沒有想過身心障礙者搭乘捷運會比起一般人要麻煩許多，像是我在新店區公所搭車，需要先下到B3，再經過通道層後，再次搭乘電梯來到B2，往松山方向的月台。然後電梯剛出來的那幾節車廂，都沒有可以停放輪椅的位置，必須要到第一節或者是最後一節車廂，才會有專屬輪椅的位置。當然平常我們也會看到許多輪椅族直接上中間的那些車廂，但是在人潮眾多的時候，往往可能就會造成別人的不便，所以我一直都是盡量搭乘第一節或者最後一節車廂，除非我只搭乘短程的一兩站。

到了中正紀念堂後需要換車才有辦法轉成紅線，抵達台大醫院。這一路上還算順利並沒有出現多大的問題，因為捷運的無障礙設施以及台大醫院的無障礙環境都非常好，所以並沒有出現太多的阻礙，順利的探望到傷友。

但是回程的時候卻發生了意想不到的意外，差一點就要出大事了。我們在中正紀念堂等待往新店的列車，一樣在最後一節車廂候車，我們是面對著車門的，車門開的時候，阿雅推著我進車廂。

此時，砰的一聲！兩個前輪直接掉入列車與月台間隙，整台輪椅直接往前傾斜，作用力的關係導致我人瞬間往前衝，但是好在我有繫安全帶所以人沒有飛出去，可是放在腳上的手機就沒有這麼幸運了，我看著它往下墜，就要直直掉進月台與列車間隙，我的左手又沒有辦法抓住手機，所以情急之下我大力的用我的手背，把手機直接敲進捷運車廂裡，彈到了另一側的車門前，由此可見當時的力道有多麼用力。

這時候捷運的關門警示音已經響起，我人連輪椅都還卡在月台間隙裡，現場的人非常緊張，而我的看護阿雅早已不知所措，車廂內及在我後面排隊的人，趕快衝過來把我拉起來，因為是在最後一節車廂，我們完全不知道列車長是否察覺，尤其那持續響著的關門警示音，讓大家非常的緊張，生怕下一秒就關門了，所以用了最快的速度把我拉起來，然後退回到月台上，裡面的一位女生也趕緊撿起地上的手機衝出來拿給我，放到我的腳上，這一切過程的發生大概只有五秒鐘，在我退回月台上的時候關門警示音也已經停止，車門依舊開著想必是列車長已經察覺到了。

後面的民眾陸續走上車廂，一位好心人士也協助我用後輪先進的方式推上車，還好一切平安。上車後我不停的感謝他們，阿雅當下早已嚇呆，幸好有他們趕緊伸出援手，不然後果不堪設想。雖然當下我表面上表現得非常冷靜，好像若無其事一樣，不過實際上我的心跳非常非常的快，腦海中都還是剛剛卡在那邊的畫面，覺得非常的驚恐，阿雅也逐漸回神詢問我看我有沒有哪裡受傷，還好沒有事情。

衷心感謝在當下伸出援手的你們，謝謝。

回程的路上我在想，為什麼我會掉下去呢？我的輪椅前輪比起其他的輪椅都還要大，長度也比列車與月台間隙要長很多，照理說應該不會掉下去才對，而且在去程的時候也完全都沒有問題，那到底為什麼我會掉下去呢？

後來我詢問阿雅，發現原來是因為她在往前推的時候沒有一鼓作氣，在過月台與列車間隙的時候，因為推得不夠大力所以稍微卡住了，然後她應該要先往後退，再重新進一次，但是並沒有，她直接想要硬推，因此就導致了前輪由直向偏移成橫向就掉下去了，這個問題即使她是採用後輪先進的方式，如果拉得不夠大力，一樣會在要過那個間隙的時候卡住，然後掉下去。

但是一路上我沒有責備阿雅，謾罵只會使人厭煩，罵她、吼她我得到的不過是一時情緒宣洩的快感，對於已發生的事實根本於事無補，她也沒有辦法真正了解為什麼會發生這樣的事情。而且人與人之間是互相的，即使國籍不同，很多道理是相通的，如果我一直唸她、怪她，用不好的口吻向她解釋這一切，就算這真的是她的錯，她心裡面一定會更不好受。我相信在事發的當下，即使我不說，她一定也很清楚意識到自己做錯事了，罵她反而會讓她的情緒上來，我想我們每個人都有曾經做錯事，被責備的時候，那種感覺真的是雪上加霜，很差，對吧？

所以我在路上慢慢的解釋給她聽，她聽得非常專注，甚至停下來到我面前轉動前輪，橫向、直向，示意她了解知道是為什麼了，這樣的結果不是很好嗎？辱罵只會得到一時的快感與對方的厭惡，妥善的溝通反而能夠贏來更專注的聆聽與尊重。

3. 當我變成了「我們」

二〇一六年四月二十六日，是我出院剛滿三個月的日子。（這時候我還是坐在手推輪椅，需要仰賴看護推行。）

早在我剛入住陽光之家的時候，就聽聞了這個活動——「生活自立營」。

生活自立營是由陽光之家工作人員及一些志工所共同舉辦兩天一夜的活動，這個活動辦在新竹非常偏僻的山區，附近完全沒有什麼商家，居民也很少，大部分居住的是當地的原住民。那天晚上，除了我們說話的吵雜聲，外面幾乎沒有什麼聲音，只有偶爾傳來的不知名動物叫聲，由此可見是多麼偏僻的地方。陽光之家辦此活動的主要目的就是要提升傷友的生活能力及獨立性，更重要的是，讓傷友在這兩天親自體驗，去發覺受傷後的自己究竟還能夠做到什麼呢？

工作人員們非常的頑皮，她們所採用的方式，叫做「不出手」，意思就是在這兩天一夜的活動裡，我們傷友之間要完完全全的靠自己生活，她們不會動手幫我們像是去買菜、煮飯、洗碗或者洗澡等，那邊雖然是偏僻的山區，但是我們住的地方還是有瓦斯跟廚房的，不至於到「野外求生」的等級。

工作人員就是完全不介入，她們負責的除了是在身邊陪伴，避免我們發生危險，但印象中更多的是在我們邊準備的時候邊偷吃吧！嘿嘿嘿！

我還記得那時候工作人員——大芳，詢問我要不要參加的時候，我沒有什麼猶豫就一口答應了，她倒是滿意外的，她會感到意外是因為：「普遍的傷友在剛出院初期，很容易會抗拒挑戰，抗拒去體驗新的事物，常常會拒絕，理由大多是：『我這樣這麼不方便，功能又不好，去也不能做什麼，還要一直麻煩別人、拜託別人，那這樣我還是不去的好。』這是絕大部分的傷友在受傷初期會出現的狀況。」我聽了大芳說的，覺得這很正常也很有道理。我想無論是任何人，在人生之中突然發生了這麼大的劇變後，怎麼可能不對自己打一個大大的問號呢？當然我也是，沒了手腳的我還能做什麼、還有我的未來在哪裡呢？我心中其實無時無刻充滿著問號。

可是！咦？為什麼我反而一開始就答應參加呢？

傷後第一次逛超市。感覺很像小時候去大賣場坐在手推車上被爸爸媽媽推著，充滿了新奇感。

路人甲：「反正你有看護啊！都叫看護做就好啦！」

路人乙：「我看你根本就只是想出去玩吧！」

不，我的想法其實非常的簡單，我很明白的知道自己現在這副身體能做的事情非常有限，勢必需要別人幫很多的忙，但是究竟我做不到需要被幫忙的是什麼呢？換一個角度，應該是說我更渴望想知道，我還能做的是什麼呢？

上述的兩個問題，如果一開始我拒絕參加，那我永遠找不到答案，我整天腦袋裡面就會有滿滿的限制，我永遠會一直去說服自己一定做不到這件事，因為沒有嘗試，沒有經歷過，我只能帶著想像，永遠關在自己畫的圈圈裡。

對我來說，大芳的邀約，是一種給予，給予我一個挑戰自己的機會。當別人要給我們東西的時候我們第一個反應是什麼？我們會伸出手去拿。當然也可以選擇不伸手去拿，但很可惜的是，這樣就少了一次可以挑戰自己的機會了不是嗎？

我接受的原因就這麼簡單！

「面對挑戰，迎向挑戰。」

再來，就來說說我們這兩天是怎麼過的吧！

一早起床，大家稍微吃過早點之後我們就搭車出發前往新竹了。我坐的是身心障礙車，後面很寬大，輪椅可以直接上去的。為了這兩天一夜的行程，我的看護阿雅及陽光之家幾位工作人員還特別到陽光台北重建中心地下室，練習如何把輪椅推上車及安全的固定好。

在這邊想要特別的提醒各位，如果家中有人乘坐輪椅時，絕對不要心存僥倖，覺得一下就到沒關係，一定要記得把所有固定輪椅的設備都綁好，才會真正安全。

其實光在練習固定輪椅這部分，大家就花了不少心力，更多是因為語言的隔閡，我的看護是來自印尼，雖然已經待在台灣好幾年，但其實生活用語外的一些溝通，還是會碰到許多的困難，不過為了能夠順利的讓我在這兩天乘車都是安全的，勢必一定要教會阿雅。雖然阿雅在學習的過程中有一度因為學不太起來，鬧脾氣說她不要去了，也想讓我打退堂鼓，但是可能嗎？我當然不同意啊！

在大家一次一次耐心的溝通與用較柔和的方式教導下，阿雅「終於」學會了，我會用到「終於」這個字眼，就知道這是多麼累人的一個過程吧！

但是，在這件事上，就可以看到陽光之家在辦活動的時候，對傷友的用心。我很感激，因為她們這樣做，讓我在出發前心裡就很踏實，也不會覺得擔心害怕，反而對這次的旅程充滿了期待。

我們的第一項任務——頂好大採購，我們需要在上山之前，備齊這兩天煮飯所需要的食材，像是頂級和牛、紐西蘭羊排、日本空運生魚片等

滿載而歸！我是大吃貨，負責守護大家的食物。

等，非常抱歉，我剛剛說的都只是在做白日夢，當然都沒有啊！

這活動有這麼好康，讓我們像在度假嗎？當然不是，工作人員可是用心良苦的，生活自立營就是要讓傷友體驗生活，我們總共分了兩組，連我們所能購買的金額都有上限，給的金額非常故意的只能買剛剛好的食材，甚至有一些需要兩組一起買，像是鹽巴、醬油、米等等，連我們說要自掏腰包再多買，工作人員一個箭步衝了過來，嘿嘿！沒收，不可以自己偷偷多買，看到被搶走了錢包，我們張開嘴巴，面無表情的呆了三秒，工作人員只留下「我們另有用意」幾個字給我們。

那好吧！我們能用的就這麼多，那該買什麼好呢？

傷友甲：「豬肉便宜可以買多點，更容易吃飽。」

傷友乙：「不行，印尼人不吃豬肉。」

傷友丙：「還是我們先買主食。」

傷友甲：「我要吃飯，飯容易飽。」

傷友乙：「可是我想吃麵，飯平常天天吃。」

傷友丙：「不然兩個都買小包的如何？那青菜呢？」

傷友甲：「大白菜，也可以做炒飯。」

傷友乙：「嗯，也可以加在麵裡一起煮，順便煮白菜湯。」

傷友甲：「那不然我們來煮排骨湯，然後肉跟青菜都不要全放，留一些用炒的，很下飯，炒青菜阿雅也可以吃。」

傷友乙：「好啊！不然也買點雞肉吧！阿雅沒吃肉，這樣沒什麼體力。」

傷友丙：「那還有調味料呢？誰吃辣誰不吃辣？」

我們就是這樣一來一往，互相彼此討論，如果今天我們有非常充裕的錢，我們根本不會討論，只知道買自己愛吃想吃的，也不會去顧及到其他人。平常我們雖然住在同一個地方，白天復健也是同一個場所，但是大部分的人都是各過各的生活，即使是同一間房間的室友，可能也不知道彼此的喜好，因為我們吃飯都是自己出去買的，自然而然我們根本不知道彼此吃的習慣是什麼。

工作人員的用心良苦就在這裡，限制一定的金額，我們勢必就要好好討論，討論的過程也是一個非常好的磨合機會，這在團體生活是非常重要的，藉此機會學習：

「當別人想要的跟我想要的不一樣時，我們該如何取得平衡？」不管是傷友重新回歸社會，抑或者一般人到一個新的環境、新的學校、新的工作，這都是非常重要的一環。

尤其傷友的身體已經與從前不同，個人生活的習慣跟型態或許都會有些改變，某些部分勢必會跟一般民眾不太一樣，但是在社會上大部分的人，都是普通人，燒傷是特別的一群。要怎麼樣去溝通，去協調，勢必是我們回歸社會必修的課題。

從身邊接觸的人開始練習，我想這是一個很好的方式。住在這裡的傷友都是來自四面八方，北中南花東都有，生活的習慣一定非常不同，甚至我的看護是來自印尼，在採購的過程，我覺得很感動，一方面大家沒有因為我的年紀最小，以及我的看護是外籍的，就忽略了我們，他們充分的讓我參與討論，也尊重我不吃辣、看護不吃豬肉的狀況，

他們大可以這樣說：「我年紀都可以當你爸了，買什麼你就吃什麼。」

但沒有，他們的作法讓我印象很深刻，

他們是這樣說的：「唉呀辣椒好吃餒！好可惜哦！不過沒關係，吃辣的人可以不要吃辣，但是不吃辣的人就一定沒辦法吃辣了。」

我所謂的感動就是「包容」，他們大可以吃辣，我也沒辦法說什麼，因為我是他們之中少數不吃辣的，可是他們沒有。

「選擇包容，選擇了讓大家都可以開開心心吃飯的方式。」

或許有人會覺得這沒什麼，我也可以做到這點，我也願意去包容。

是，在社會上這樣的人都值得讚賞，但試問：「當你處在一個未知兩

天一夜的活動裡，身體又是處在不舒服的狀況下，你會先考慮想辦法讓自己可以過得舒適些，還是會選擇自己多忍讓一點，來讓他人感到舒適自在呢？」我想這是一個耐人尋味的問題。

到了準備晚餐時間，我們總共分了兩個組別，所以在採買的時候，也是各組買各自想要的食材。

起先有人在抱怨組別分配不公：「為什麼A組的都是手功能比較好的，而我們B組都是手狀況較差的，這樣是要我們怎麼煮飯？重新分配可以嗎？」那工作人員就因為這樣重新分配嗎？當然不會，只再一次強調：「自立生活營，我們不會出手，你們要互相想辦法。」當然，提出重新分組的人心情一定很差，其他傷友也紛紛試著讓氣氛緩和一點。

在廚房一開始大家都有些火氣，一方面天氣很熱，山區蚊蟲又多，另一方面煮飯的器具根本不夠，但是很奇妙的，團體裡總是會出現個和事佬，慢慢緩解大家的情緒，也讓彼此了解對方想做的菜。經過協調後，其中一組人改變了做菜順序，廚房器具居然也就夠用了！誰也不需要搶，那時候我坐在輪椅上（手推輪椅），不能移動，因為看護也加入煮菜行列。

我看到了大家慢慢的「合作」了起來，不再爭吵，也不一直執著在「我要什麼，我需要什麼」，而是去觀察另一組現在需要的是什麼？

漸漸的可以聽到歡笑聲，工作人員也開始東看看西看看，發現有幾位傷友是「黑罐子裝醬油」，平常看起來文文靜靜不怎麼說話的，卻炒得一手的好菜，也有人平常大剌剌的，感覺很隨性，但是做菜時反而格外的仔細。

但是這時候我突然覺得有點難過，因為我什麼忙都幫不上，坐在需要仰賴看護推的輪椅上，沒有人幫忙，我也動不了，我過去也只是添亂而已。坦白說，我很想要一起加入他們，甚至有些羨慕。

其實覺得自己滿孤單的，尤其看著他們忙進忙出；當他們問我：「會不會無聊？」我只能勉強笑著說：「不會。」已經幫不上忙了，總不能再增添大家的麻煩吧！唉呀……好像真的沒有什麼我可以做的，我什麼忙都幫不上，難道我真的只能等吃嗎？

突然，我看到工作人員有帶筆記型電腦跟投影機，我想到我能夠做什麼了！

那就是把大家今天所有拍的照片，做成影片，讓大家回顧一下自立生活營第一天的生活點滴。

很快的，我不到半小時就完成，工作人員很訝異我居然做這麼快，很厲害，我笑著說：「沒有啦！」畢竟受傷前我的專業就是電腦，所以即使我只用觸控筆操作電腦，完成影片還不算太困難，總算能夠為大家做一點事了，心裡的難過及孤單也隨之消失。

影片做完後沒有多久，大家就煮好了，我當然就不客氣的開吃啦！這過程中我們也與另外一個小組互相交換一些菜，大家也總是留肉給我，說我剛出院要多補一些。

其實在這個時候我才慢慢的融入大家，雖然出院待在陽光之家已經兩三個月，但是常常換藥出來就已經很晚了，很少有機會跟大家互動，但是在這一天，我感受到滿滿的溫暖，他們把我當自己人在照顧，我也開始慢慢融入這個大家庭。

再來的任務就是洗澡啦！以為會有洗澡護理人員跟平常一樣，幫我們脫壓力衣、拆紗布、洗澡跟換藥嗎？「不出手」的態度依舊在，那我們怎麼辦？我倒是還好，我有看護，但我要克服的卻是別的問題。其他人只能兩兩成雙，袒裎相見了，這是一件不容易的事情，為什麼呢？

或許平常大家偶爾會看到彼此沒有穿壓力衣下的疤痕，但是要這樣赤裸裸的互相幫忙對方脫壓力衣、洗背，心裡難免有些疙瘩，但是很快的大家知道工作人員是不會出手的，那我們就找平常跟自己比較好的傷友一起好了，比較不會尷尬。

是這樣嗎？不，結果與我料想的完全不同，他們沒有像平常我們在做分組活動的時候，往往都會找自己最要好的，自己較熟悉的人同一組，而是開始去分配「功能好的」與「功能不好的」，再兩兩配在一起。

哇！我有點驚訝，傷友之間互相包容與互相幫助的程度已經超過我的想像。我們都是非親非故的，但是卻一直記得要一起完成這兩天一夜的挑戰，不自私，而是以大局為重，用最有效率的方式來完成這個任務。

至於我的問題是什麼呢？那就是一樓是沒有熱水的！可是我全身很臭，流了一身的汗，不洗真的不行，可是又不可能把我抬到二樓，這樣太危險了！算了，我用擦澡的就好，總比沒有洗要好。不對！好像有方法，猜猜看是什麼呢？

用瓦斯爐燒熱水！沒錯，我們用煮飯的鍋子，一鍋一鍋燒成熱水拿到浴室去，這麼原始的方式我還真沒有體驗過，每次沖水都會先舀一些冷水，再加一點熱水，過程雖然麻煩，但終究完成了，這真是非常特別的一次體驗。

等大家紛紛洗完澡之後，就是我做的影片登場啦！洗完澡大家都很放鬆，因為原本沒洗澡前我們的身體是非常不舒服的，我們燒傷的皮膚不會排汗，所以汗都會堆積在少數會流汗的地方，整個濕濕黏黏的，傷口沒有換藥悶著一整天，也非常的癢，所以洗完澡大家反而像是重新活過來了，邊看影片邊互相打哈哈，笑著說誰的動作滑稽，哪個工作人員一直在偷吃，其實原本我以為我在大家煮飯的時候做的這部影片，只是微不足道的小事，可是卻沒有想到引起大家這麼多的笑聲及共鳴，整個晚上我們都在討論這些照片，雖然大家累了一天，但我卻看到所有人心中的「滿足」及「成就感」，所有的不開心早就忘光光了。

當然我也很滿足，原本我以為我「一無是處」，卻找到了我能有所貢獻的地方，對很多人來說這真的是一件很容易的事情，但是對一個剛出院不久，失去了手腳，僅有二十三歲的大男生來說，即使是這麼小，這麼一件微不足道的事情，都感到非常喜悅，非常的有成就感。或許我不能與大家一同做菜煮飯，大部分的事情都是別人在做，但是「做影片」這件事情傷友中卻只有我會，原來即使沒有了手腳，我依舊是不可或缺的，我依舊擁有我的價值在。一件小小的事情，無形中卻給了我許多啟發，也讓我更肯定了自己。

大家辛苦了一天，享用著共同努力做出來的菜餚。看著大家開心的聊天笑著，我喜歡上這種環境氛圍，漸漸的我不再排斥，似乎融入了這裡，加入這個大家庭，把這裡當成了另一個家。

第二天，吃完早點後我們進行了一項任務，「認識大自然」，我們必須要採集植物並貼在紙上，一樣分成兩組，哪一組採集的種類越多，即為贏家。這可是攸關我們的午餐，誰贏誰就有機會可以加菜，工作人員額外準備的食材，大家當然精神大振。

原先我不打算去，因為這是競賽，我雖然樂於挑戰，但是我也不想拖累別人。那邊是山區，馬路也都是上坡下坡的，對我很不方便，即使讓看護推也會非常的吃力及危險，萬一看護沒力了，我很可能就直接滑出去了。

這項活動沒有強制我的參與，因為的確會有許多困難。

但是有傷友甲就說：「沒關係，走啦！我們大家輪流推。」

我：「不行啦！外面都是斜坡，太陽又那麼大，很難推的。」

傷友甲：「還好，我們先試試看，不行再趕快回來。」

我：「可是這樣我會拖累大家速度的。」

傷友甲：「唉呦！那個沒差啦！輸贏不重要啦，我們是一組的，就要一起行動啊！」

我：「那走吧！出發！」

其實我內心非常的感動，雖然我沒有表現出來，因為我們都是大男生，我如果說：「你們好貼心，人好好哦！」我大概會被他們敲頭吧！

沿途我們採集了非常多，甚至連圍牆的青苔都不放過，那也是植物的一種，雖然天氣炎熱，太陽很大，但是大家都非常努力的在尋找，因為這可是攸關到中午加菜啊！不過最後大家回來以後，輸贏好像沒有這麼重要了，重要的是這一切的過程，彼此互相分享著食材，一起吃著美味的菜餚。

結束了！我們順利完成了這兩天一夜的挑戰。很明顯的可以感覺得出來，經過這兩天大家的互相合作，回來以後，傷友彼此間的互動有了些微妙的變化，包括我也是。

我發覺，經過這次的自立生活營活動，我才真正的開始願意打開心房，融入大家。在來之前，平常我根本不想與大家有過多的互動，我只想過好自己的，趕快復健結束，趕快脫離這裡，打從心裡覺得：「我不屬於這裡，我沒必要跟他們混熟。」非常不想與大家有過多的互動，平常復健時間以外，不是看電視就是滑手機，我甚少與其他傷友交談，即使聊天，也是那套官腔的說法，偽裝的笑容，我其實把自己給關起來了。

但是這兩天下來，我發覺，傷友與我想像的完全不同，大家都是因為受了嚴重的燒傷才會住進來，絕對沒有一個人是過得輕鬆的，每個人所經歷過的，也都是一般人無法想像的，但是這樣的一群人，反而不自私，不會只想著自己，「即使我身體不舒服不方便，但是還有比我更需要幫助的人。」這是我最感動的地方，試問，有多少人可以真的做到這樣？

陽光之家，我原本只是當作一個臨時的避難所，現在，我覺得它真的如同我的另一個家。

4. 破框而出

二〇一六年六月九日，這一天迎來一場特別的挑戰——保齡球！沒有手腳的人要打保齡球，這聽起來絕對是一個笑話對吧！沒關係，但且來聽我敘說這一切的經過，我可是有幾乎全部擊倒的哦！

保齡球的場地我想大家一定都不陌生，前方是球道，中間是保齡球會滾回來的機器架子，後面會有一圈U型的沙發椅。六月九日這一天，陽光之家帶著傷友們一起來打保齡球，問我的時候，我二話不說就答應了，因為我告訴自己應該有的態度是勇於嘗試。對我來說這樣的一個新的人生，雖然幾乎所有的事情都要從頭學起，很麻煩，也很辛苦，可是如果因為怕受苦、怕困難就不去做，那我永遠就只是在原地踏步，永遠都不知道自己究竟能夠做到什麼。

所以我沒有過多的猶豫就決定參加，反正即使到了現場發現我真的不能打，我還是可以替其他人加油打氣。那你覺得後來我有沒有打呢？我只是加油團嗎？試著想想我身體的樣貌，我來告訴你，我是怎麼樣進行這項運動的。

我的輪椅距離地面非常的高，所以想要直接下到球道上根本不可能，除非讓別人抱，可是我不願意。當我到現場的時候，不知道為什麼在我掃視完環境的時候，一份路線圖突然出現在腦海中，底下還有幾個字叫「我可以打」。以下的過程完全都是我自己完成的，一開始我移動到比輪椅矮一些的沙發上，接著躺平身軀，靠著背與屁股的蠕動，從沙發的最後面移動到了離球道最近的地方，然而雖然輪椅離地面很遠，但是沙發較矮又加上軟，所以我緩緩的把雙腳先放在地上，手肘輕輕撐著就到了地面上了。

我再次躺在地上蠕動我的身軀，慢慢的往放保齡球的架子移動。問題來了，我的右手截肢，左手沒有功能，怎麼拿球？沒錯，沒辦法，這件事情做不到，所以我用「抱」的，放在自己的懷裡，然後又再一次的躺下來蠕動自己的身軀，來到了球道的最前緣。

我想剛剛前面所敘述的所有過程，對一般人來說都不費吹灰之力，拿球走到球道前，應該不是一件困難的事。但是對我卻要額外耗費好幾倍的時間與體力，不過當我到達球道前那一刻，我想心情與大家應該是一樣的，充滿著緊張與期待。

我坐了起來，把保齡球夾在雙腳中間，右手的手肘及左手不能動的手指放在球上面，大力的向前推，我還特別請工作人員要幫我錄影，記錄這歷史性的一刻，呃……洗溝了，滿心的期待不到三秒，球無情的掉入溝裡。我不信！繼續的挑戰，大家都知道保齡球的球道很長，平常都需要有一定的力道才能使球不偏移的打到瓶子，而如果像我坐在原地用推的，勢必洗溝的機會非常的大。這樣的過程前前後後大概進行了三四十次，我才終於成功了第一次，當然不可否認的是有一定的運氣成分在裡面，可是幸好那天每一次的練習我都記錄下來了，成功的次數越來越多，甚至有一次還差點成功的全倒呢！我想當我推出去的球在擊倒保齡球瓶的時候，那一瞬間的喜悅與大家都是一樣的。

但是老實說，不停的洗溝，不停的失敗的確讓我感到氣憤，好不容易我都這樣移動到球道前了，卻頻頻失敗，我當下的心情是咬牙身體出力，發出氣憤的聲音。是生氣憤怒嗎？不是，那樣的情緒就像玩遊戲，彼此都剩最後一滴血的時候，結果自己不小心先被攻擊到了，那種很嘔，很不甘心的感覺。

「唉呀！差一點！」我沒有生氣，也沒有因為無數次的失敗而感到氣餒，更沒有埋怨自己為什麼沒有一個正常的身體。

我想的是：「奇怪，剛剛明明就差一點啊！我是推得太小力還是角度不對，還是我選的球太重，還是這個球隊風水不好……」

我的選擇是當我遇到問題的時候，去面對、去解決，而不是埋怨。我可以怨天尤人，但是我沒有。我失去的手腳，這一輩子已經再也回不來了，而我現在很想完成眼前的挑戰，如果只是埋怨，會改變現狀嗎？不會，只會讓自己的心情更糟糕而已。

「不在乎失去的，而是珍惜、運用剩下的。」

面對生活上林林總總的挑戰，我常常在想的不是我失去了什麼，而是剩下什麼，還能做什麼。當然在過程中，我會不斷的遇到挫折與失敗，就像打保齡球這件事一樣，一定需要不斷的嘗試，不斷的修正，才有可能打到保齡球瓶。或許打了十球一樣都沒有效果，那二十、三十、四十次呢？努力終究會有成果的。

最遙遠的不是我與籃框的距離，而是沒有前進的勇氣。不敢向前邁進，它就永遠只是夢，願意跳脫框架跨出去，誰又能知道我投不進呢？就如同文中提到的保齡球，誰又猜想的到我能做這件事，且擊倒了瓶子。（攝影/陳棽睿）

我覺得自己的復健過程就像推保齡球撞保齡球瓶一樣，或許我會一直失敗，撞不到瓶子，或許我偶爾能撞倒一些保齡球瓶，但無法做到全倒，就好像我現在在生活上還是有很多事情做不好，甚至做不到的，曾經有世界級的醫學專家說過我的狀況，「復健難度非常的高」，有希望，但卻是一條非常艱辛的路。即使在歷史文獻中，大面積燒燙傷的結合截肢，截了這麼多部位的案例真的非常少，相對功能的缺損也使得我想恢復生活機能更加的困難。

受傷後一路上不看好我的人

很多，但是我始終告訴自己：「路是人走出來的，方法是人想出來的。」時至今日，我所恢復的功能及所能做到的許多事，也早已顛覆大部分人的想像。

常有人跟我說：「黃博煒，你不行啦！因為你沒有手啊！你怎麼能做這些事情？因為你沒有腳啊！你怎麼做這件事情？」我突然發現好多人的思維都被一個無形的框框給框住了，我們一直看著、聽取著前人的經驗判斷著：「這件事情因為你沒有什麼所以你做不到！」但是我們有沒有想過，自己是不是也可以開闢出一條新的道路呢？有些事情我這樣身體的人做不到，或許只是跟我類似情況裡的人「還沒有人做到」而已，為什麼我就不能成為那第一個人呢？

我始終相信，也告訴自己，無論遇到什麼樣的挑戰，只要堅持努力，一定會有成果的。

人生最悲慘的絕對不是失去了手跟腳，而是對未來沒有夢想與目標。

5. 微小的強大

今天是二〇一六年七月三十日星期六，一大早我們一群人浩浩蕩蕩的從陽光之家出發，前往台大綜合體育館參加世界展望會所舉辦的第二十七屆飢餓30大會師。

「飢餓30」這個活動大家一定不陌生吧！這場活動需要挑戰長達三十小時不吃固體食物，透過這樣的飢餓體驗，讓參與者深切的體會世界上那些遭受天災、糧荒、戰火的弱勢兒童，與國內一些特殊情況、高風險家庭兒童的處境及需要，更對生命價值產生進一步的啟發與省思。

很多人以為這場活動就只是單單餓肚子三十小時而已，沒什麼，但事實上它具有非常多的意義在。我們總共一十幾位的燒傷朋友及陽光工作人員一同參加這項挑戰。很多人聽到我要參加都覺得我是不是傻了、瘋了？我的身上還有許多傷口在，沒有完全癒合，七月底的天氣又非常的炎熱，縱使我們待在室內，但在幾千人的會場裡，冷氣再強也沒有多大效果吧！而且燒傷患者因為皮膚表層遭到破壞，所以許多部位都不會排汗，無法像一般人一樣調節，體感溫度會比正常人更高，悶熱也容易使我們的皮膚過敏、起疹子等等。整體講起來，人家說我參加很像在「自虐」，但是我卻不這麼想。

飢餓30這樣的活動我在受傷前就聽說過，也曾經參加過類似的活動，但是時間並沒有這麼長。參加前我不是沒有思考過在參與的過程中勢必會給身體造成許多不適，這些不適一定會增加挑戰的困難度，可是，也僅僅是不舒服而已，並不會給我的生命帶來什麼樣的危險啊！這是一個多麼難得的挑戰機會，我也想要知道受傷後的我還有什麼能耐。

「有些事現在不做，以後或許就不會做了！」

我從來沒有覺得受傷後的自己就一定很無能，一定許多事情做不到的。這對我真的是一個完全新的人生，也可以說是全部重新來過，所有的一切從頭學起，不做、不嘗試，怎麼知道自己會做不到呢？所以，我選擇接受了這項挑戰，更重要的是，我有一群志同道合的夥伴，知道苦，又不遲疑的向前衝！

當我們抵達台大綜合體育館時，還沒有開始開放入場，我們趕緊找一處有樹蔭的地方來躲避熾熱的太陽。環顧四周，我們絕對是最特別的一群，據大會的統計，平均參加的年齡層在十八到十八歲左右，大部分都是學生，而我們除了年紀都「稍長」以外，燒傷的外貌、穿著的壓力衣及輪椅，都吸引著眾人的目光。不管是好奇還是其他原因，不停的被注目，說不在意是騙人的，可是我們知道我們來的目的及使命是什麼，這樣比起來，那些目光似乎也就沒有那麼重要了。甚至在大會衣服發下來的時候，我們大剌剌的就直接在原地換了起來，畢竟直接套上穿兩件衣服實在是太熱了，只好不小心讓我的肥肉出來見客了。

進入會場後，哇！人真的超多，眼前的廣場及上方觀眾席早就全部是滿的，將近一萬人在現場，非常壯觀。主辦單位非常貼心的幫我們安排在右後方較大的位置，讓我們可以避免與人群碰撞及更方便出入。很多人可能以為這三十小時一定很漫長，其實完全不會，大會在每個時程都有安排活動，像是儀隊的表演、小朋友合唱團、巨型充氣彩球互推，以及代言人關懷活動分享等，分散大家在飢餓上的注意力，也使得這三十小時不會枯燥無味。

幾個小時過去了，當我覺得飢餓的時候，我環顧四周，看著眼前上萬人的廣場，我發現其實大家跟我一樣，都「餓了」，更邪惡的是，當我打開手機滑著Facebook，不知道為什麼特別容易看到別人分享美食的動態，炸雞、Pizza、滷肉飯，「噢！我的天啊！」我覺得我滴了幾滴口水在褲子上了……

不過我還是繼續在忍耐，所有的人都一樣，在繼續努力著，當下我突然感覺很開心，因為能夠跟這麼多人一起奮鬥，一同為同一個目標前進的感覺，真的很棒！那一瞬間，我覺得自己沒有什麼不同，我好像忘記了身上所有的傷痛，只是一個平凡人與大家在共同努力著要達成目標。

雖然過程中也有些小插曲，像是原本我沒有打算要在現場換藥的，可是因為天氣炎熱的關係，傷口整個悶住，開始有許多滲液，甚至到後來整個腫起來，味道都有點惡臭，不得不趕快到護理站做處理。上廁所時卻出乎預料的友善，男廁、無障礙、女廁是連在一起的，因為在現場的女生較男生多，考慮到女生上廁所時間較長，所以無障礙廁所也是讓女生使用。原本我是想要等晚一些沒有人的時候再去上，因為我坐在右後方可以看到排在廁所前的人龍，所以也不好意思去上。

但是天氣炎熱加上不能吃東西，大家水越喝越多，排在廁所前的人當然不會減少，我覺得自己的膀胱不是我的膀胱了，因為已經快炸了！不行不行，再下去我真的會尿出來，這樣就真的糗了，所以我趕緊告訴工作人員，結果現場馬上有大會師的人來協助，幫我開道請那些女學生把無障礙廁所空出來，我原本覺得很不好意思，因為那邊兩排人龍全部都是女生，一排無障礙廁所，一排女廁，而且我覺得自己這樣好像在耍特權，就像是插隊一樣，所以沿途不停的跟經過的人說「不好意思」、「我很抱歉」。然而這是我聽到的回答，「不會」、「沒關係」、「你先用」等等，從她們的表情裡我可以看到真誠，她們是打從心裡的願意禮讓我，連上完廁所經過她們的時候，都對我釋出善意的微笑，這真的讓我覺得很感動。要想她們每一個人一定都等待廁所很久了，因為排隊人很多，再加上肚子也很餓，這兩項都是人類的本能生理反應，在自己感到不舒服的情況下，還願意這樣禮讓，我相信這件事情不是每個人都可以做到，無論她們是參與飢餓30有所感悟，還是其他的原因，我都衷心的感謝她們。

傷友不只是受助者，也能是助人者。小小的每個舉動，都能帶給他人溫暖，聚集起來的力量，不容忽視，是足以讓這個世界變得更美好的。

我一直在默默的觀察一同參與的燒傷夥伴，可以發現一個特性就是我們都會不停的扭來扭去，「癢、熱、悶、餓」是我們在這三十小時需要不斷的忍耐，身上的疤痕十分脆弱，我們坐在地板上很不舒服，甚至較敏感的地方會疼痛，身體上無法排汗的燥熱讓我們覺得很悶又很癢，一直抓其實沒什麼用，癢都是癢在深層，只能不斷的忍耐，要一直堅持下去真的很不容易，我們沒有辦法找到一個所謂「舒適」的姿勢。

大會的護理站也常常過來詢問我們需不需要幫忙，或者到護理站裡面有更強的冷氣，擔心我們的身體會無法承受。坦白說，我們比起現場的其他人真的要忍耐的事多很多，但是你知道嗎？兩天三十小時下來，即使癢到快抓狂，即使我們真的很難受，我沒有看到任何一位傷友抱怨或者中途放棄，所有的人都堅持到了最後，我們最終全部都完成了挑戰！

兩天下來我發現了，受傷後的傷友反而比起一般人更不服輸，即使我們做這件事會比別人更辛苦，可是大家都是努力的忍耐著。

「我感受到，其實傷友被幫助的同時，不表示就完全無能，還是一樣可以幫助別人。」

「我感受到，原來受傷後的我們反而沒有更脆弱，而是擁有更強大的一顆心。」

或許我只是盡我微薄的力量，對這個社會能夠給予的只是小小的幫助，但是我很開心自己能做的，不是只有「被別人幫助」，而是當有些許能力的時候，一樣可以盡自己的心去為這個社會出一點力。

也很感謝幫助與關懷我的人，讓我今天也有這個機會可以回饋別人，我相信我們都可以讓這個社會擁有更多的愛，即使只是小小的舉動，但是大家的力量凝聚起來就有不可輕忽的威力。

飢餓30活動成功！

PART 4

無限展開的新藍圖

1. 重獲自由的轉捩點

失去了雙腳後，仰賴著輪椅，仰賴著看護推著，我也好想再一次可以自主移動哦！

大部分的時間我都是坐在輪椅上，偶爾在復健及睡覺的時候才會離開輪椅。我需要看護阿雅推著，才能夠四處的移動，但是語言上的隔閡，就如同前面幾篇提過的，我的意思她並不能完全明白，也常常造成推到的位置不是我要的，又要再下一次指令調整，或者只能將就忍耐。坦白說，不能自己移動的感覺真的很差，什麼事情都要人家拿到我的面前才可以做，旁邊沒人的時候我就只能停留在原地，就算想喝桌上水瓶的水，明明距離只有一公尺，對我卻是無法觸及的距離，即使我很努力的復健，想恢復生活自理功能，但是這樣的狀況讓我覺得離目標好遙遠。

但是，在出院後的半年，我找到了改變我生活的神器，就是電動輪椅！其實早在剛出院兩個多月左右的時候，我就曾經與家人提過，但是他們不同意，一方面身體的狀況還不夠好，可能還沒辦法操作，價錢也不便宜，而且暫時有看護二十四小時可以隨時協助，所以當時認為先緩緩，不要急著買，以免花了冤枉錢。出院半年後，某一次在台大復健的時候，以往我都是在復健室一復健，那天比較特別是在復健室二，因為要嘗試新的動作。一進門我看到了幾台電動輪椅。

我：「原來老師你們台大有自己的電動輪椅哦！」

治療師：「對啊！你要不要試著操作看看，對你生活會很有幫助。」

我：「真的嗎？可是之前有人說我的狀況不能操作，所以我一直沒有試。」

治療師：「可以的！沒有想像中的困難，一些狀況比你差的人都可以用了，你來試試看，老師教你怎麼操作。」

緊接著，我就坐到電動輪椅上了，左手戴著副木放在控制器上，慢慢的往前推，老師也在一旁小心的看著，怕我一不小心衝太快。（左手前半部幾乎是沒有知覺的，所以控制上就像拿著桌球拍，用拍子靠在控制器上，不易操作。）

很快的，我開出了診療室二，到走廊上奔馳，我會說奔馳是因為我早已迫不及待的加速往前衝，「天啊！這感覺太爽了吧！」沒錯，真的超級爽的，一年多以來，我都需要讓人家推著，自由移動變成一種奢望，但是當我操作電動輪椅可以自己移動的時候，內心的喜悅真的難以言喻，如果可以，我大概會激動的跳起來在地上翻滾吧！可能你會覺得我說得太誇張，真的有這麼高興嗎？

或許在一般人眼裡電動輪椅與輪椅差不多，一個可以自己移動，一個不行，就只有這樣的差別。今天假如要到早餐店，一個是看護推著輪椅，一個是我自己駕著電動輪椅，雖然看起來功能上是重疊的，似乎沒有什麼不一樣，都是到早餐店，可是真正不同的是心理層面的「尊嚴」與「自由」。

那一天到了復健結束的時間，我還遲遲的不願意下來，特地拜託老師讓我再多試一下，就算只是多一分鐘都好，可是老師也需要休息，中午要午休了。回到輪椅上的時候，心裡有著莫名巨大的失落感，好想再回去電動輪椅上哦！當天我就把我可以操作的消息跟家人說，起初得到跟幾個月前一樣的答案，就是不同意。

家人：「不要浪費錢，現在不是已經有看護推著嗎？」

我：「不是，這真的感覺不一樣，我要買！」

家人：「再緩一緩吧！」

家人並不是故意對我不好，而是希望我每一分錢都花在該花的地方，我並不會怪他們，因為那種從動彈不得到可以自由移動的感覺，一般人真的很難想像，我說得再喜悅他們也無感，因為可以移動對一般人而言是再稀鬆平常不過的事了。

與家人幾次溝通後，他們同意我購買，我開始到處聯絡廠商，找尋適合我的輪椅，最後，找到了康揚的「易遊金剛」，就如同它的名字一樣，是很輕巧的輪椅，甚至可以摺疊，重量也很輕，約三十幾公斤，不像一些戶外型輪椅重達上百公斤，而且康揚公司還幫我做客製化的改裝，解決我因為少了雙下肢使得輪椅重心不穩容易後翻的問題。

這對我是一個非常大的里程碑，許多生活上的事情都是從這個時候才開始嘗試，以前什麼東西都要人家拿到面前，去哪裡都只能下指令讓別人推，很多時候因為怕麻煩看護，所以總是不敢嘗試，如果說用生活自理功能程度來比喻的話，在輪椅上我大概只有一至兩成，頂多用輔具吃飯與滑

捷運是每天往返復健的交通工具，良好的無障礙環境，總是讓我暢行無阻。（攝影/陳楚睿）

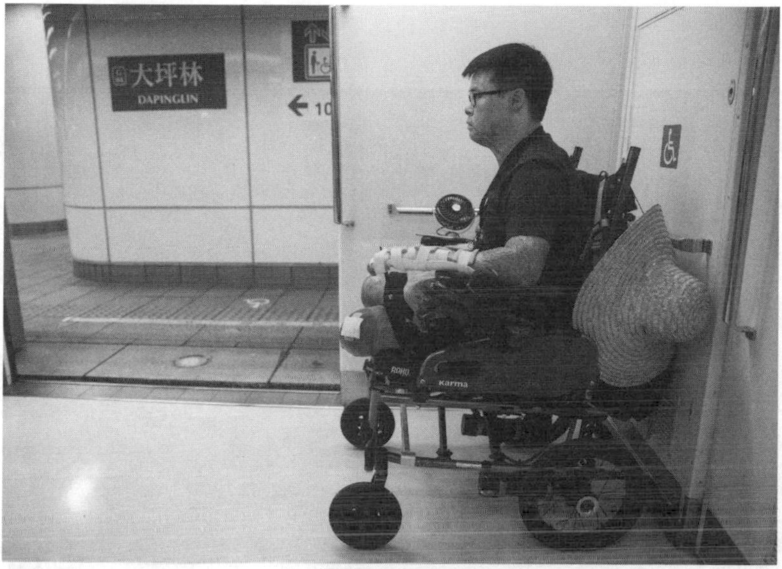

上：每一次我都會停在輪椅專屬的位置，避免在其他車廂影響旅客的進出。看著眼前的民眾，也不免總是想起從前的自己，也是一樣坐在一般的座位上。（攝影/陳楚睿）

下：有了電動輪椅，出門變得很自由。總是戴著大草帽是為了遮陽，燒傷疤痕曬太陽會讓黑色素沉澱，使疤痕變黑，而且無法褪色，所以都要做好防曬措施。（攝影/陳楚睿）

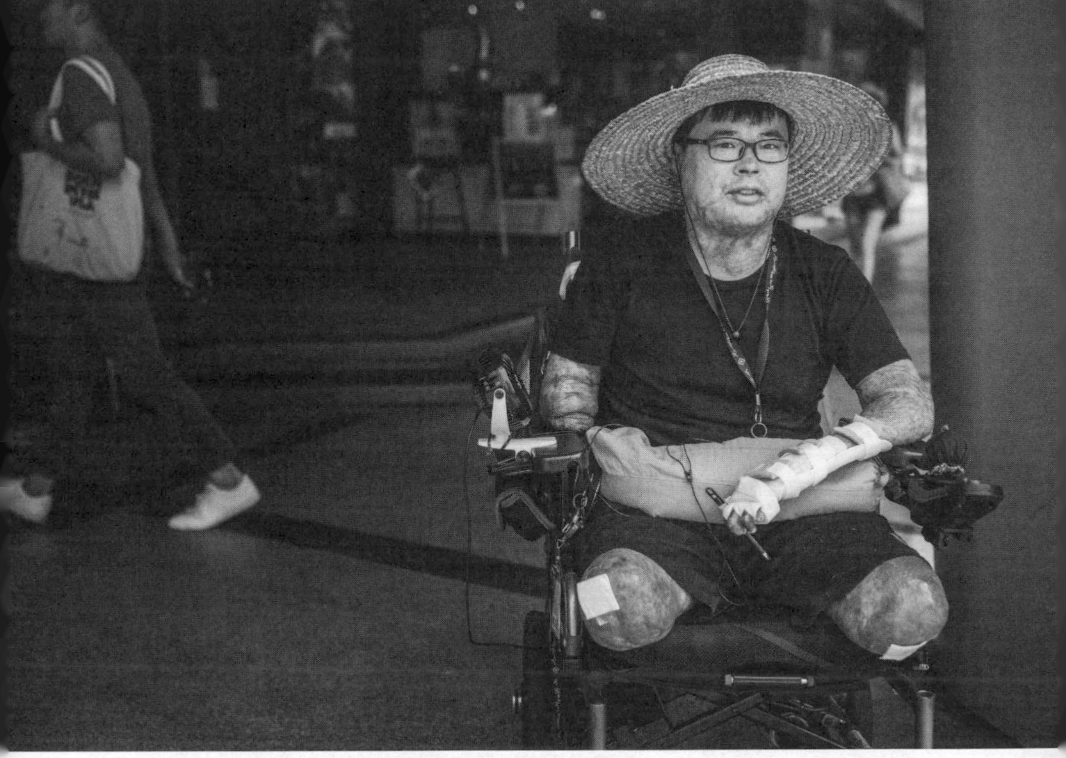

以前我很愛到處跑，現在依舊是，駕著我的跑車，穿梭在大街小巷。自由是無價的，我很享受這種擁有移動自主權的感覺-自在。（攝影/陳楚睿）

手機，可以說嚴重失能。有電動輪椅後，至少提升到了六成，一點都不誇張。原先廠商跟我說的時候我根本不相信，可是當我開始用的時候，我比以前更願意嘗試許多事情，因為心裡沒有壓力，不用擔心老是麻煩別人，漸漸的學會了許多事。例如自己去買餐，從有了電動輪椅後，除了下雨天以外，我再也沒有請看護幫我買過餐了，因為沒有電動輪椅前，總是只能待在陽光之家，等著看護買回來，老是只能吃同樣的幾家，早就吃膩了，但是現在我可以選擇我所想吃的，甚至跑更遠的地方去買。上廁所小便也不再需要尿壺，丟垃圾也可以自己來，想找人聊天自己可以靠過去，好多好多的事情開始慢慢用這樣的身體搭配電動輪椅，找出屬於自己的方法。

曾經有人問我電動輪椅大概都多少錢？我說如果是物質上的計算，三萬到七萬八萬，甚至更高的價錢都有，但是對我而言，「自由」這件事情，就算今天我花了十萬，我還是會覺得非常值得！

2. 我們都在一起，讓人生繼續

二〇一六年八月二十八日，八仙生活營，由陽光基金會所舉辦的兩天一夜活動，參加的人為八仙塵燃傷者及家屬，這場活動的目的是為了讓傷友及家長，自我探索、自我療傷，能夠擺脫意外帶來的陰霾，繼續的往前走。

這是我第一次看到這麼多的八仙傷友聚集在一起。一大早，我們就到台北火車站等遊覽車，現場大家都很興奮，彷彿回到國、高中畢業旅行一樣。我搭的遊覽車是輪椅可以上去的，很酷！我第一次看到這種遊覽車，側邊升降的機器就像堆高機，把輪椅連人帶車直接送到上層，而且空間很大，固定輪椅的器具也很完善，整個很令人安心。

抵達活動場地——煙波大飯店以後，開始了我們兩天一夜的課程。每一堂課都會遇到不一樣的傷友，這對我很新鮮，因為我住院的時間比別人都還要長，所以他們大部分我都不認識，可是他們卻認識我，起初我覺得有點奇怪，難不成我的臉被做成大字報貼在門口了嗎？當然不是，而是因為在八仙塵燃倖存者中，我是最嚴重的傷患之一，加上曾經為了活命而選擇截肢的故事，被許多傷友家長拿來鼓勵自己的孩了。

這件事情讓我覺得很開心，原來我在醫院奮鬥的那些日子，也成為其他傷友前進的動力！我駕著我的電動輪椅，東跑西跑，到處去串門子，看看大家都在做什麼，在這樣的環境下我覺得很自在，比起平常我出門，這裡沒有人會用歧視的眼神看我，也沒有人會因為我的不便，就把我拒於門外，總是很有耐心的看看我是不是需要幫忙。

但是看著他們，我突然覺得很羨慕，即使大家都受了傷，但是再怎麼嚴重，手腳也都還在，只有我截肢了這麼多部位，不知不覺心裡有點失落，我也好希望能夠跟他們一樣擁有手腳哦！可是，這樣的情緒沒有持續多久，我告訴自己：「至少我活下來了！」比起一些人我已經很幸運了，我還能夠這樣到處趴趴走，而且或許他們在生活上也有許多困難的課題，不比我輕鬆，我這樣的告訴自己，很快的轉念，整理自己的情緒，再一次的融入大家。

晚上的晚會活動氣氛非常的棒，每個人都要想辦法裝飾讓自己看起來閃亮亮的，而我就圍了一整圈的LED燈在輪椅上，就像棵會移動的聖誕樹一樣。餐桌上有美味的菜餚，舞台上有精彩的表演，所有上台表演的傷友，不說的話，根本不知道他們受傷，短短一年左右的時間就讓自己復原得那麼好，超出許多人的想像。看著他們努力的表演，我的眼眶不知不覺的紅了起來，好幾位我第一次看到他們的時候，他們一樣是坐著輪椅不太能走路，頂著大光頭全身包滿紗布，現在經過努力的復健後，在台上散發光芒。最感人的就是其中的三個橋段，一個是無堅不摧的愛情，一同受傷的情侶，穿著結婚禮服手牽手往前走；一個是家人的不離不棄，媽媽推著自己的兒子上台，坐在輪椅上的孩子拿起球投籃；一個是努力不懈的傷友，費盡了千辛萬苦，終於再一次的讓自己站起來，我看到這裡早已落淚，一般人可能無法想像，以上三個例子不是都還滿平常的事嗎？但是他們卻都是花了無數的努力，才能夠做到這些事情，遠超乎常人想像。

這兩天一夜的活動下來，我發現原來我不孤單，一直有這麼一群強大的夥伴在共同努力著，每個人都不停的在進步。只有我們才了解走過來的這一路有多麼的艱辛，能夠重新的踏出去是多麼的不容易，每當我覺得很疲憊、沒有能量的時候，想起其他傷友的努力及勇敢，總是會給我力量，讓我更有勇氣繼續走下去。

我想跟同為傷友的你們說，請你們一定要繼續努力，因為我還在努力的追趕著你們。未來的日子一定還會遇到許多的困難與挑戰，別忘了有一群夥伴在共同為自己的生命努力著，也別忘了身邊那些愛我們的人。我們一起努力吧！

3. 重返校園

我的大學生活與一般人的不太一樣，我總共唸了六年的時間。我還記得我在大二那一年休學了，決定要先出社會工作賺錢。那是我第一次靜下心來，好好的思考「我要的究竟是什麼樣的人生」。這個問題的答案我想是大部分人一輩子都在追尋的，我們總是常常會質疑，現在的生活就真的是自己想要的嗎？當時，其實我也不清楚，所以轉換跑道，一方面也是為了賺取自己的學費。我告訴自己無論身處在哪個角色，都需要不斷的充實、精進自己，才能在社會上立足。

剛開始我工作的時候很拚，都希望老闆不用幫我排休假，這樣我就可以多賺錢，甚至打烊班也給我沒關係。就這樣的過了好幾個月，我在那家餐廳已經上手了，每個月都有不錯的薪水，可是某一天學校寄來了復學通知書，我再一次的重新思考了起來。

「要回去唸書嗎？」

「可是這餐廳薪水待遇還算不錯耶！」

我問起了自己，讀書還是工作好呢？猶豫了幾天，我選擇重新回到學校，為什麼？當時我想得很簡單，餐飲業我隨時都可以回來做，只要認真跟肯做，但是我似乎沒有打算一輩子都做這個行業。然而讀書這件事情，停滯太久似乎就回不去了，而且，這個社會非常的現實，如果沒有學歷，往後能找的工作就會很有限。所以我再一次的重新回到校園。

回到學校是從大二開始讀起，因為在外面工作過一年，我知道自己想要的是什麼，所以，比起自己大一的時候要認真許多，心裡面總是告訴自己：「黃博煒你已經晚別人一年了，要趕緊追上去。」運氣很好的是與我同房的室友，都是班上成績不錯的學生，我們彼此互相督促著，然而因為早他們一年入學的關係，全班總是習慣叫我「學長」，我有時候甚至會懷疑他們是不是根本不知道我的本名啊！

我就讀的明志科技大學很特別，實際上我們唸書的時間只有三年，大三的一整年都會在企業實習，透過面試競爭後才會錄取。為了要讓自己面試的時候比其他人出色，我利用大二一整年的時間，考了五張以上的國際證照，其中有一張甚至可以說是甲級的，但也有一些只是很普通的乙級。

我的每一天都像高中唸書一樣，課排得滿滿的，有時候晚上還會去圖書館自習，比起一般大學生，我過得非常充實。

大三那一年，我也成功的面試上研華科技股份有限公司，很巧的是這間公司離我休學上班的餐廳，不到十分鐘的路程。其實早在餐廳上班的時候，就有看到大一屆的學長在研華科技實習，中午過來用餐，那時候我就滿羨慕的，雖然我的薪水不見得比較少，可是可以坐在辦公室，有著工程師的稱謂，整個感覺就很不一樣，這也是我回學校唸書的原因之一，早在一回學校時，我就把研華科技當作我努力的目標了！

時隔一年的努力，我還真的面試上了。我還很調皮的回到原來的餐廳吃飯炫耀一下，因為在回學校唸書之前，我說我一年後也要進到研華工作，當時當然被笑到不行，因為在他們眼裡，我跟大部分人一樣，不喜歡唸書才會唸一半休學出來工作，什麼思考人生，還是賺取學費，他們根本不相信。

我：「店長、師傅，你們看，我回來啦！這是我的識別證！」

店長：「真的假的，你真的去那邊工作哦？」

師傅：「看不出來，還以為你之前在說笑呢！」

聽到跟看到他們的驚訝，心情整個很爽！對，就是很爽，爽的不是讓人跌破眼鏡，而是自己真的完成了自己的目標。

然而，在我工作的九個月後，二〇一五年六月二十七日，我遭遇了八仙塵燃意外，差一點離開了這個世界。

「休學不夠，好不容易回來唸書，又到了自己目標的公司上班，居然遇到這種意外，真的是……啊！啊！啊！」我打從心裡面歇斯底里的咆哮，恨不恨？恨！怒不怒？怒！

為什麼我的大學生涯如此的坎坷？

我就一直怨天尤人嗎？

沒有，在無數個夜晚，我總是告訴自己：

「黃博煒，至少你活下來了，你還有努力的機會，不是嗎？雖然許多人覺得你的一生注定是悲歌，你會是社會累贅，但是你自己覺得呢？」

不！我心中一股傲氣出來。

「我的人生我做主，我的故事我來寫。」這是一個多麼得來不易才活

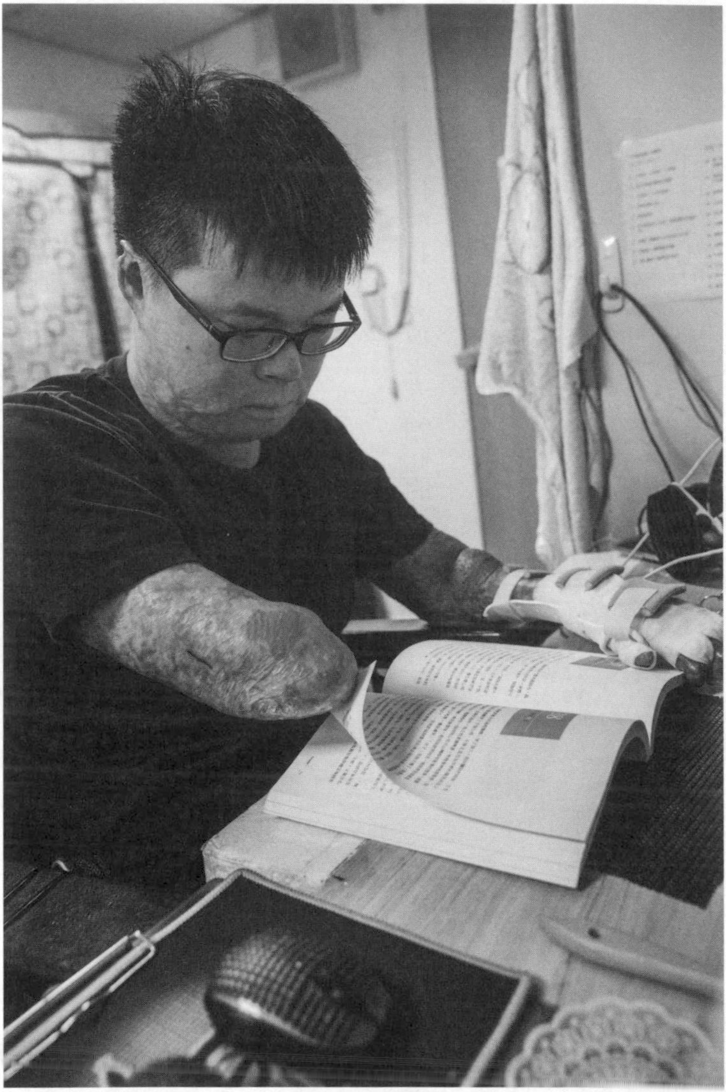

翻書變為一件不容易的事，有時候一頁就翻好久。但我總是告訴自己不要急，要有耐心，因為我有必須完成的使命，決定要回學校讀書，就要努力的完成。（攝影/陳楚睿）

下來的人生，我不好好努力讓自己活得精彩，我是撞到頭，傻了嗎？

受傷並沒有因此就讓我放棄學業，其實我很明白一件事情，社會是現實的，日後人家看我的絕對不完全是學歷，即使我擁有再多的證照，甚至再漂亮的學歷，別人不經意會第一個質疑的是：「你這樣的身體，真的能做到嗎？」這很正常，任誰沒有充分了解我的情況下，勢必都會有這樣的疑惑。

我也曾經猶豫不決，到底要不要繼續唸書呢？現在拿到這學歷的意義大嗎？我思考著這些問題，畢竟受傷功能受限，要把時間花在學新的技能還是唸書呢？就在我還沒有明確答案的時候，幾位一同在陽光之家生活的傷友，讓我有了決斷。他們是阿佑與阿志，同樣是燒傷的傷患，年紀都過四十歲了，讓我非常驚訝的是他們決定回去唸書這件事。超過四十歲了耶！能想像嗎？大部分這個年紀的人，如果還要他們重返校園，我想會要他們的命吧！可是阿佑與阿志，兩個人白天復健已經很累了，晚上一個去唸國中，一個去唸高中，每天回來的時候都非常的疲憊。我到底在猶豫什麼？他們離開書本都這麼多年了，還願意再次唸書，雖然很大的原因是因為多一些學歷，找工作的機會會更大，但是他們都肯這樣努力了，我為什麼不把剩下一年的學歷給補完呢？

我決定再次重返校園，我沒有忘記自己受傷前的本分，我是學生，完成學業就是我的責任，而且這也是人生中的一大里程碑。我知道我要完成學業一定不容易，並不是如同大家想像中，學校隨便放水讓我畢業。當然，我相信如果我拜託學校，學校很可能也願意助我一臂之力，讓我畢業。但我不希望這樣，所以在要回去唸書的時候，我跟老師說：「老師，我不想要您放水，別人考什麼我就考什麼，我需要的只是更多的時間。」我覺得自己的腦袋沒有燒到，與別人不同的是肢體上的障礙，所以希望老師給我多點時間就好。這是我所追求的生命態度，或許我的身體已經不完全了，但是這並不代表我就是無能的人，我依舊可以完成許多的事情。

當然，這過程並不輕鬆。白天到下午依舊需要密集的復健，晚上的時間是用遠距教學的方式來上課，但坦白說，真的有夠累的，好幾次晚上在邊上課的時候，我一直在心裡碎碎唸：「老師下課吧！老師饒了我吧！我好想睡哦……」衷心的期盼老師可以提早結束，當然這只是自己心裡面的

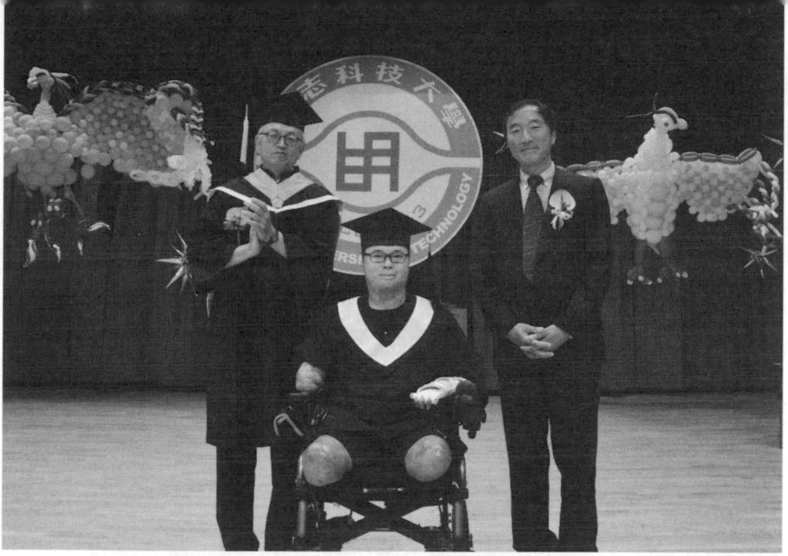

人生就是一層一層的關卡，沒有跨不過的檻，只有不敢跨出的那一步，六年時間，許多阻礙，但是最終我依舊成功畢業了！

小劇場，老師還是繼續在上課，而我也是很認真的在上課，雖然還是有幾次不小心睡著了，但是遠距教學是可以回放錄影的，也慶幸學校有這樣的教學資源，讓我不至於有些課沒有聽到。最後，在學期分數上，我都拿了不錯的成績，雖然考題一樣，但是時間更充裕的確有優勢，可以思考得更周全，也有更多的時間檢查。

一〇一七年六月十日，明志科技大學電機工程系黃博煒，圓滿畢業了！歷經六年的時間，完成了大學的學歷，過程不管是休學還是八仙塵燃，那些辛苦都過了，當下拿到畢業證書的心情，就像以往所有畢業生一樣：「耶！我畢業了！」

4. 世界沒有變，但我能變

二〇一六年突然席捲全世界的精靈寶可夢，不知道你是否還記得呢？那段時間，在大街小巷有非常奇妙的情景，就是無論男女老少，大家都在抓寶可夢，這樣的盛會我當然也沒有缺席，除了抓寶外，我更意外的有了新的成長。

其實，在一開始聽到這個遊戲的時候，我很排斥，排斥的原因並不是因為我不喜歡玩遊戲，而是受傷後的我，右手截肢，左手手指沒有功能，只能用一支觸控筆滑手機。

平常最基本的打字就需要花費比別人長很多的時間，更何況是玩手機遊戲呢？即使真的能玩，可能也沒有辦法玩得很好，功能的受限勢必讓我常常無法破關，常常輸，心裡增添許多的挫敗感，玩遊戲原本應該是一件很開心，可以放鬆一下自己的方式，但是如果玩了心情反而更差，那我為什麼要去玩呢？

當然，我也不是一開始就選擇放棄嘗試，我從來沒有覺得自己這樣的

或許你用筷子我用輔具，器具不同，但同樣都是在「吃飯」，做的事情是一樣的。身體縱使變了，還是可以想出新的方法，繼續生活著。（攝影/陳楚睿）

身體就一定不能做某些事，試都還沒有試就放棄，不是太可惜了嗎？

可是，在我嘗試了十幾款我有興趣的手遊以後發現，真的大部分遊戲都勢必需要兩隻手操作，當然我大可以也黏一支觸控筆在我截肢的右手，來個左右開弓，就像左右手的大拇指一樣，但是玩個遊戲玩得這麼辛苦，何必呢？玩完以後不但沒有放鬆到，搞不好右手還會拉傷呢！

所以一開始聽到「精靈寶可夢」的時候，我沒有多大的興趣，想說不就抓神奇寶貝嘛？即使一些同住在陽光之家的傷友，他們一直拉着我出去，我也沒有答應。

但是，慢慢的我觀察到一個很奇妙的現象，有幾位傷友他們的受傷部位著重於腳的部分，所以無論是走路或者站著，都會因為充血所以感到很麻，很刺痛，非常的不舒服，但是疤痕是無時無刻在生長，所以即使再怎麼不舒服，都要忍耐繼續復健，才不會讓自己的角度越來越差。

可是，奇妙的事情就來了，這些腳傷的傷友在平常的晚上，基本上做完老師指定的復健功課後，就不太會繼續站著或走動了，偏偏自從他們開始玩了精靈寶可夢以後，我每次洗澡護理完出來客廳的時候就發現，「奇怪？人呢？」他們通通跑出去抓寶啦！

我震驚了！這些人是怎麼回事，平常老師如果要你們再多做一點復健，大家總是說白天復健已經很累了，晚上想要休息一下；結果，現在什麼情形，居然通通都跑出去抓寶了！要知道走路對於燒傷腳的傷友是極其不舒服的，即使勤奮復健的人，也不喜歡那種感覺，可是一個遊戲居然讓他們每個人「自動自發」的一直走路復健，這太讓人驚訝了！

為了探詢其中的奧秘，我也加入了他們的行列，一方面我自己一個人待在客廳也十分無聊，沒有人可以聊天，一方面他們也不希望我一直都悶在室內，想要帶我出去走走逛逛。

一開始的時候，我有點嚇到了，附近的公園居然滿滿的都是人，我一度以為我走錯了？因為以前這邊晚上明明沒有什麼人啊！不過現在是滿滿的人潮，大家都在抓寶可夢。很幸運的，玩過此款遊戲的玩家都知道它的操作並不難，我同樣也可以用觸控筆操作抓寶。

的確，在一開始的時候大家都對我們投以一些異樣的眼光，尤其是我，我坐在輪椅上，兩腳空空，右手空空，特別引人注目。但是他們的視線通常不會停留太久，即使很好奇，不過他們當下更重要的任務是抓寶可夢，抓寶都來不及了，還花什麼時間看我，等一下卡比獸跟皮卡丘就跑了！

當然，我也很不習慣有那麼多人時不時眼神就會飄到我身上，不過這不是我第一次遇到這樣的事情，每天出門自己買東西或者出現在外面，基本上回頭率是百分之百的，每個路過的人至少都會多看我一眼，這件事情很正常，因為我實在是太顯眼了，尤其在我去抓寶可夢的時候，附近一次聚集非常多人，盯著我看的人自然也比平常遇到的多，那種同時被很多人上下打量的感覺真的不是很好，可是這也不是他們的錯，我們每一個人總是會對特別的事物好奇不是嗎？好奇就會多看幾眼，就像在路上看到奇裝異服或者跑車，我們往往都會投以更多的目光，不是嗎？

所以剛開始我都會告訴自己不要在意，當作沒有看到，別人不是故意的，他們只是好奇。甚至有時候還會遇到有人走過來直接問我「你是不是八仙受傷的」等等之類的問題，雖然回答他們會打斷我在抓寶，但我也總是會停下來耐心的回答他們，因為他們會問，就表示關心，對於他人的關心，我覺得每一次都是需要感謝、感恩的。

幾天過後我發現自己真的慢慢的融入這個地方，對於每一天我們的到來，現場的民眾也越來越習慣，也有人會在看到我們到的時候，讓一個位置給腳不方便的傷友坐下來。

甚至會開始彼此交流，互相討論對方抓到的怪、互相分享如何抓寶的

重新融入社會並不容易，我總是以為自己與社會脫軌，是異類的存在。但其實不過是我自己「心」沒有走出來罷了，世界沒有變，它一直在等著我重新投入懷抱。（攝影/陳楚睿）

技巧，有人非常耐心的告訴我們，該怎麼樣判斷寶可夢的好壞，還有怎麼樣把不要的寶可夢賣給博士等等。突然我覺得自己好像沒有什麼不同，我與在場的所有人都在做一模一樣的事情，沒有人因為我身上的殘缺就遠離我，也沒有人因為我身體的不同就排擠我，反而是給予更多的包容與體諒，甚至願意主動的接近與我交流，互動得跟一般人一樣。

「不對！我在想什麼，我本來就是一般人啊，只不過是受傷而已。」

那一刻我突然醒悟，心裡面似乎有一把鎖被打開了。

「原來，這個世界一直沒有變，是我自己把自己框住了。」

我一直以為自己與這個世界格格不入，殊不知一直限制我的其實是自己的心。我的身體雖然與別人不一樣，但是其實大家沒有想像中的在意，真正一直在意的是我自己。從那時候開始，我的心有了轉變，真正的開始接受這樣的身體，慢慢習慣用這樣的面貌出現在大家的面前，慢慢的融入這個社會。

截後日常I　雞排事件

某一天下午四點多復健完，在回陽光之家的路途中，我在某間國中前的雞排店，停了下來，深深的吸一大口氣。

「哇！（吞口水）這也太香了吧！」

我當然毫不猶豫的：「老闆，雞排一塊，胡椒多一點哦！」

老闆：「好！胡椒多對吧？要不要辣？」

我：「不用辣，不好意思，因為我身體不方便，等等錢可能要麻煩您自己拿一下，可以嗎？」

老闆：「沒有問題！」

就在等待香噴噴的雞排時，突然旁邊一位準備接孩子下課的媽媽，用不是很友善的口吻對我說：

「先生，你可以不要把輪椅停在這邊嗎？小朋友他們就快要下課了。」

我當下聽了有點霧煞煞，我左看右看，奇怪？我輪椅沒有擋到其他人出入啊！

我說：「不好意思，請問怎麼了嗎？」

那位媽媽回說：「你停在這邊，等等小朋友下課遇到怎麼辦？」

我愣住了，非常的錯愕。雖然她沒有說出她的擔憂到底是什麼，但是我卻大概明白她的意思了，她擔心我嚇到她的孩子。

我說：「好的，我買完雞排就離開。」

當下我並沒有與這位媽媽做任何的爭辯，我控制電動輪椅轉過身，靜靜的等待我的雞排，心裡很不是滋味。賣雞排的老闆當然也聽到我們的對話了，他原本已經看不下去想開口指責那位媽媽的時候——

我對著老闆笑一笑邊搖頭的說：「沒有關係！」

老闆尊重我，就沒有多說什麼了，最後過來拿錢的時候卻故意少拿十塊。

我：「老闆不可以這樣啦！十塊也要拿。」

老闆笑著說：「免啦（台語）！」

老闆堅持少收十元，我笑著道謝就離開了。

看到這裡，或許你會疑惑的問我：「她這樣歧視你，你不生氣嗎？」

「為什麼不跟她爭論呢？你只是買東西又沒有錯！」「受傷不該被這樣歧視！」是，我想不只你想問，當天在周圍有目睹這件事發生的人，心裡勢必都打了個問號，為什麼我不爭論呢？

當下我會這麼輕易妥協是有原因的：難道是因為我自卑，因為我覺得自己很恐怖會嚇到人，因為我這些疤痕是傳染病，是嗎？不，當然不是，我沒有這樣看自己。其實可以發現我是融入這個社會的，我擔心的不是自己的外貌，也沒有覺得自己哪裡不正常，當我聽到這段話：「先生，你可以不要停在這邊嗎？小朋友他們就快要下課了」的反應與你聽到時的反應，我想應該是一樣的，我們都誤以為自己是不是擋住了別人了，所以下意識轉頭趕快看看自己的周圍，是不是真的擋住人家出入了，結果並沒有，路寬得很，但她的下一句話就是很直接的歧視了。

不過當下我會妥協是因為，在經歷了一次又一次類似的事件告訴我，「爭辯只會帶來更多衝突」，我大可以就在路邊跟那位媽媽吵起來，「妳什麼意思，我在這邊又沒有擋到妳，路這麼大，我為什麼不能在這邊？路妳家開的嗎？妳是歧視我嗎？還是妳住海邊，管這麼寬哦！」相信我，吵架動嘴我從來沒怕過，但是這真的有必要嗎？

今天那位母親會驅趕我，我想我們的價值觀一定不同，即使我在當下真的吵贏了，獲得一時的快感，但是你覺得那真的有意義嗎？還記得這篇故事最一開始是在說什麼嗎？是買香噴噴的雞排來享用啊！為什麼我要為了一個跟我價值觀不一樣的人，而破壞我滿心期待吃那超香雞排的心情呢？雞排那麼香，我傻了才跟那媽媽吵架，你說是不是？

我今天選擇了妥協，不是因為我怕她，也不是因為我自卑，心裡當然不好受，可是這樣的情緒只有在當下一下子而已，在回家的路上我就在思考，為什麼這位媽媽會有這樣的想法？為什麼認為我嚇人呢？坦白說我也不知道。但是我想了想：「我覺得基於她作為一個母親的角色，或許我們價值觀不同，但是她只是出於為了保護自己的孩子不受傷害的母愛，似乎也沒有做錯什麼啊！她的表現與那些真的歧視我、笑我沒手沒腳的人是不一樣的，沒有很深的惡意，那不過只是一種保護孩子的母愛，不是嗎？」

突然間，我豁然開朗，剛剛發生那些事情的鬱悶通通不見了。

這是雙贏啊！今天不爭論，我不但避免了自己與那位媽媽的衝突，也避免了旁人可能因價值觀不同所發生的爭鬥，而且老闆還算我便宜十元，我又可以開心吃香噴噴雞排，你說，這筆生意是不是很賺啊！

衝突是可以避免的，每個人價值觀都不同，我們可以選擇的是包容。今天她是基於母愛所以做出這樣的舉動，我能體恤為人父母的愛，就像我的爸爸媽媽一定對我自己在外面有許多擔憂，也想好好的保護我一樣，所以今天她的這份母愛，我選擇「尊重」。

截後日常II　牛排事件

二〇一七年十一月五日，這是一個美好的星期天，發生了一件有趣的事。

傍晚時分，寫稿寫得有些累了，想起自己還沒有吃飯，所以離開電腦前，到客廳想覓食，然而桌上空空的，沒有什麼東西吃，所以就決定出去買。只是附近的東西都已經吃膩了，想要換換口味。對了，牛排！接近碧潭附近有一家很便宜的平價牛排，好久沒有吃了，今天就吃這個好了，我順便問了在客廳的其他傷友有沒有人想吃的，我可以幫忙買，最後統計起來總共需要買五份，我開始去房間找小箱子，因為五份牛排如果全部用吊的掛在輪椅旁邊，可能太重了，而且天氣又比較涼，這樣沿路吹風回來，大家的牛排早就冷掉了，找一個箱子放在腿上等等來裝比較妥當。

我駕著我的電動輪椅出發，大概花了十幾分鐘我到了目的地，由於我進不了店裡面有門檻，所以店員很貼心的出來幫我點餐，而我就這樣在門口等著。十一月的天氣已經逐漸轉涼，但是這樣的溫度對燒傷朋友是舒服的，所以我依舊穿著吊嘎，輪椅就橫停在店門口，留一個通道給他人進出，腳上放著空箱子，我邊滑手機邊等待。

然而，幾分鐘後，兩個國中左右的小弟從裡面吃完走出來，我抬頭望一眼沒有特別在意，下一秒，我聽到零錢撞擊的聲音，是兩個十塊，而在我腿上的小箱子裡出現，發出撞擊聲。

我：「呃……幹嘛！給我撿起來。」

我整個人錯愕得語無倫次，我剛剛是被丟錢了嗎？

國中小弟：「對不起，對不起！」

他們立刻把兩個十塊撿了起來，說了幾聲對不起就離開了。

今天你丟一千、丟五百，我就算了，不跟你計較！可是，今天你居然給我丟十塊、二十塊，這能說得過去嗎？當然，這只是在開玩笑。

兩位小弟誤以為我是在乞討，當下我真的非常錯愕，因為我從來沒有在外面被人家這樣丟錢過，受傷以來八百六十二天的日子，我第一次遇到這種事情，一下子我腦袋打結無法運轉，小弟已經離開，留下滿臉驚訝的我在原地。店員的笑聲把我拉了回來，他們也目睹了剛剛的一切，我笑一笑裝作沒事，但內心卻在翻騰，為什麼會發生這樣的事情？當下我覺得自己好像是被羞辱了一樣，有點生氣也有點難過，回程的路上腦袋裝著的都是這件事，想著想著就找到答案了。

在一般人眼裡，看到的是一個全身燒傷的男子，還很年輕，但是已經沒有右手、沒有雙腳，在這冷冷的天氣穿著一件單薄的吊嘎，腳上放著一個空的箱子停在牛排店門口，看起來很可憐，應該要幫他一把。的確，這樣的畫面我想對大部分人來說都是極具衝擊的，而這邊又離碧潭風景區很近，平常就會看到許多身心障礙者駕著電動輪椅賣刮刮樂、日常用品等，再加上我沒手腳，看起來比他們更可憐，這是大部分人所看到的，我倒是完全沒有想到過，這是我第一次思考這個問題。

我已經漸漸的習慣用這樣的身體過生活，今天多帶一個箱子，只不過是為了可以方便放牛排，對我而言，這只是我日常生活中很平常的一件事情，我也壓根兒沒想到這樣的舉動，在一般人眼裡會像是在乞討，所以才那麼的錯愕。可是也不是在怪罪那兩位小弟的意思，我覺得這個社會真的是充滿許多愛，這兩個孩子被教得很好，對有經濟基礎的人來說，十塊二十塊或許不算什麼，那對沒有經濟基礎的國中生呢？他們大可以拿這個錢去買飲料，買個麥香紅茶來喝，每一塊錢都是好不容易跟爸爸媽媽爭取來的零用錢。可是今天，他們願意把這樣的錢給我，是因為他們認為我比他們更需要，這樣的舉動很讓人感動，尤其他們還只是國中生，無私的奉獻更是難能可貴。

同樣的，我覺得爸爸媽媽也把我教育得很好，讓我培養出一個很積極正面的生活態度，縱使在遭遇這樣的一場意外，失去了許多，但依然能夠活得很好，沒有自暴自棄，甚至在他人需要幫助的時候也能盡一份力。買牛排是需要從陽光之家駕著電動輪椅約十五分鐘左右才會到的地方，距離並不算近，但是這樣的一段路程，在一般人眼裡或許會覺得這樣自己一個人太危險，可是在傷友的眼裡，他們並沒有覺得我自己去買，會有什麼問題，請求我幫忙的時候，一切都是那麼自然。因為對他們而言我並不是無能的，縱使我的傷情比起他們都來得嚴重，可是長時間的相處，看到我一次又一次的突破，似乎也讓他們覺得，我好像沒有什麼是不能做的，也讓他們認為我是有能力的人。有時候許多事情都不是如同表面所看到的那樣，放一個小箱子或許是乞討，也或許只是他人生活中的一個小智慧，仔細的觀察，或許你會發現跟你想像的完全不同。當然，有一顆善良的心願意幫助他人是永遠都值得讚賞的。

截後日常III　附近商家

這社會的友善遠遠超乎我們的想像，這是我生活附近的商家場景，我覺得自己真的是寵兒。

阿扁麵線的老闆，總是不願意跟我收錢，每一次都免費請我吃。當然，我也不是貪小便宜的人，我想付總是被拒絕。有一次我與朋友在店內用完餐以後，就故意把錢放在辣椒罐底下壓著，之後就直接離開，當下老闆也沒有發現。結果，下一次我去買的時候，就被老闆唸了。

老闆：「啊就跟你說不收你錢，還給我偷偷放在辣椒罐底下藏起來。」

我：「你有發現哦！唉呦不收錢不行啦，這樣我都不好意思來了！」

老闆：「我開麵線的一碗麵線吃不倒啦！沒有什麼。」

我：「不行啦！這樣我真的不敢來啦！」

老闆：「沒關係，你肚子餓的時候就來，我請你吃。」

我：「好吧！謝謝老闆。」

老闆很堅持的不收我錢，每一次我都很不好意思，所以即使去買，也都只會買一點點，可是老闆似乎看穿我的計謀，就會說這樣我一定吃不飽，自動升級大碗等等，雖然很無奈，希望老闆至少收本錢也好，但是他始終堅持，也讓我覺得很感激，吃起來總是特別的香。

溫州大餛飩麵攤的老闆對我也很好，給我的小菜份量吃起來總是特別的飽，有時候也不跟我收錢，不然就是只收一點點，這也讓我很不敢買。甚至每一次都會關心我輪椅後方安全燈都裝了沒有，因為人行道上不去，我總是在馬路與並排停車的車子爭道，常常會需要切去內線，所以他們都會關心我是否有裝安全燈，讓後方的來車可以看得見，這讓我覺得很溫暖，也謝謝總是給我滿滿的餛飩湯。

50嵐的店員讓我覺得備受尊重。大家在買手搖飲料的時候一定都是到吧檯前去點餐，而我若是把輪椅停在那裡，排隊既不方便也很容易擋到別人出入，所以總是離得比較遠。但是，店員每次看到我都會特別留意，假如今天甲乙客人比我早到，丙客人比我晚到，而甲乙點完後，店員總是會請丙客人等一下，然後先幫我點餐，並沒有因為我在後面就忽略了我，而是給了我很大的尊重。

每一次買飯我總會停在最邊邊，避免自己擋到別人行走。看著老闆，期待著那香噴噴的美味佳餚。（攝影/陳楚睿）

店員：「你今天要喝什麼？」

我：「紅茶中杯少冰少糖。等等錢再麻煩妳。」

店員：「要找嗎？」

我：「一百塊，謝謝。」

店員：「好！請稍等哦！」

這是我們一貫的對話，我總是會先想好再一次點餐，避免造成她們的困擾。因為我會需要店員幫我把飲料拿出來後，再自己拿錢、找錢，已經麻煩人家許多，我當然不能問我喝什麼的時候才開始想。店員甚至有時候幫我拿錢的時候，會很貼心的順便幫我整理發票，她們知道我的錢包是把零錢、發票、鈔票分開的，所以也會幫忙我擺整齊，這些小小的舉動讓我覺得很溫暖，也覺得自己並沒有因為身體的不便而被差別待遇，一種被尊重的感覺，真的很好，謝謝你們。

雪花軒涼麵店是這附近我最愛吃的涼麵，他們的湯有個很特別的術語叫「全家」，就是所有料都加，全名叫「蛋貢丸味噌湯」或「貢丸蛋味噌湯」或「味噌蛋貢丸湯」，是不是都很繞口呢？所以，老闆就跟我說可以直接講全家就好，老闆也常常免費的送我蛋或者涼麵加大，甚至有一次我要付款的時候遇到另外一個客人，他直接就跟老闆說「一起一起」，當然不是叫我連他的一起付，是他要連我的一起付，這樣的狀況我遇到過兩次，總是還來不及好好感謝，對方就離開了，這也讓我覺得社會上真的是充滿著愛。

滷肉飯老闆娘每一次都很兇的說不收我錢，要我趕快走，餓了再來。但那不是真的兇，是像長輩那樣的關愛與照顧，希望能夠為了我做點什麼。

麥香堡早餐店每一次都會考慮我肢體的不便，而把食物改用盒子裝，或者切特別的小塊，有時候知道是我打電話也會先做，不讓我等太久。

噗滋手工窯烤披薩會偷偷幫我加特別多的起司，甚至免費送我飲料與薯條，然後很用心的幫我放好，讓我在回去的路上不會燙到或掉到地上，我總是回給他們最大的微笑，心裡是滿滿的感激。

腿庫飯的夫妻檔年紀足以當我的阿公阿嬤，都會幫我加特別多的肉跟

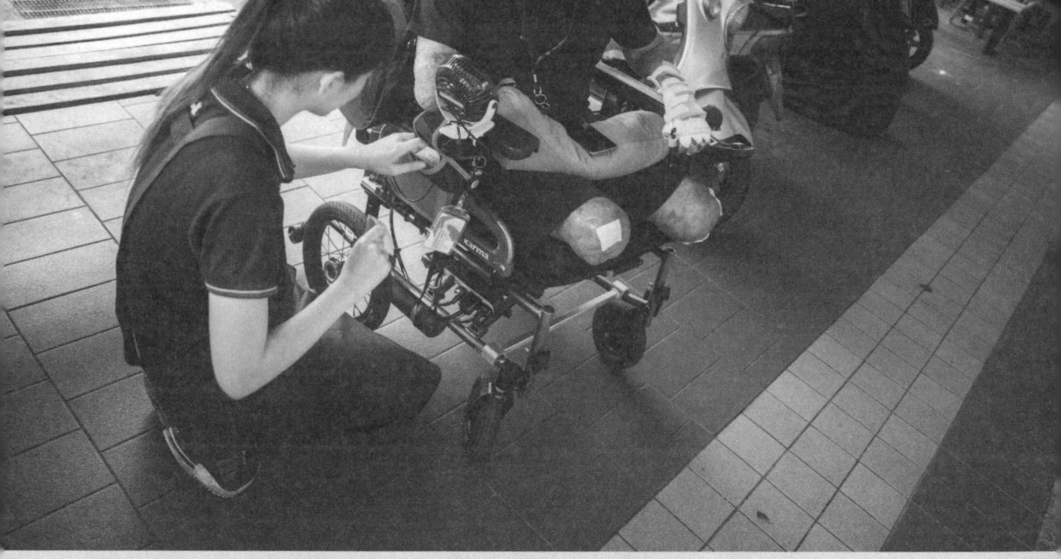

圖為50嵐店員拿錢的畫面。小小的舉動讓我覺得備受尊重，即使身體不同，並沒有因此被忽視，反而擁有更多的包容與體諒，心裡暖暖的。(攝影/陳楚睿)

菜。有一次吃飯時間，傷友問我說：「你也買對面哦！」
我：「對啊！」
他看了我的腿庫便當。
傷友：「你也一樣，加二十塊加大哦？」
我疑惑的說：「沒有啊！」
傷友：「齁，我有加錢，你看跟你差不多，老闆對你比較好啦！」
老夫妻總是這樣的對我好給我加料，深怕我會餓到。
黃冠飾餐老闆都會挑最大塊的排骨給我，有時候打開我都想懷疑老闆是不是偷偷剪別人的肉放到我的便當啊！真的很多，而且也會記住我不敢吃的菜，幫我選別樣，很用心的把我當朋友一樣，也總是讓我吃得很飽。
還有好多好多我說不完的例子，我真的很感謝所有人，我所居住的圈子就這麼大，可是你們一家一家不收錢，不然就是給我特別多菜，真的把我養得肥嘟嘟的。常常我都想說盡量少去那些不願意收我錢的店家，因為我真的很不好意思，可是當這樣友善的店家越來越多，我都不知道該怎麼辦了。但是真的很感謝你們，我居住在這裡很溫暖，我知道社會有愛，但從來沒有想過自己可以擁有這麼多，我很感激，也很珍惜，謝謝你們。
台灣最美的風景是人，最溫暖的也是人。

5. 因禍得福

其實有很多人在受傷過後，因為怕麻煩別人，所以許多事情都忍耐不說，同樣我也是。但是接下來要說的是一個「過度忍耐」而因禍得福的故事。

剛入住陽光之家時，我還是坐在手推輪椅上，被外籍看護推著移動，上廁所不論是大號、小號都需要別人幫忙。一開始因為屁股有燒傷，加上住院臥床太久，軀幹沒有足夠的力量，所以上廁所都是在床上解決，每一次我都需要先讓自己側身，等看護放好便盆以後，再翻身回來把屁股移到便盆上（此處的便盆不是一般醫院那種坐式的，是在床上使用的那種），然後調整床的角度把我的背稍微升起來，再用兩包衛生紙把腰墊高一些，才有辦法上大號，這些都是在房間的床上進行，整個房間的味道非常的重，但是沒有辦法，這是不得不忍耐的一個過程。後來，屁股的傷口癒合後，我能夠坐著的時間逐漸增加，開始練習用便盆椅到廁所上大號，但是每一次都還是需要繁複的過程，我才能夠上廁所。

久而久之，我都會憋著不說。每一天他們會在我排定的洗澡護理時間前十五分鐘，安排讓我上廁所，有時候是六點，有時候是七點甚至八點。那如果今天八點洗，六點想上大號怎麼辦呢？

「憋著忍耐。」

因為我不想影響其他傷友洗護時間，如果我提前上廁所了，就會佔用到浴室，導致延誤了其他人使用浴室的時間，我不希望這樣，也很怕麻煩他們，所以只要是還可以忍的話，我就都不會說。甚至有時候我在晚上或者半夜的時候，躺在床上突然肚子痛醒來，我第一個動作是把自己蜷起來，試圖想減緩肚子的不舒服，強迫自己忍耐到早上去復健中心的時候再上，當然也不是每一次都忍得住。

雖然陽光之家的工作人員都告訴過我，有需要就直接跟他們說，按緊急鈴沒關係，不要自己忍著憋著，對身體也不好，我雖然知道，可是因為不願意大半夜還叫醒他們，所以都忍耐不說。受傷後一直很怕麻煩別人，怕造成別人困擾，覺得自己如果可以忍就忍，真的不行再說，就這樣大半年的時間，我都選擇忍耐。

剛開始有了電動輪椅後，雖然能夠自己到廁所小便，不再需要別人推著與用尿壺，但是上大號的清潔還是需要他人協助，所以我一樣都是忍耐居多，常常都到晚上洗澡護理時間，或者隔天去復健中心的時候才上。不過，終究會有忍耐不了的時候。說起來或許有些羞恥，那一天凌晨我因為肚子很痛，躺在床上睡不著，忍耐了好一陣子還是很痛。

「黃博煒忍耐啊！明天再上，去復健時候再上。」

沒多久後……

「不行了！快去廁所！」

那一次，我沒來得及，我人是在馬桶上了，但是內褲還來不及脫，人也還沒有完全轉位好到馬桶上，就這樣直接拉在內褲上了。那怎麼辦？當然是只能夠拉緊急鈴通知工作人員了，我頻頻的說抱歉，因為其實那個時間工作人員是在休息睡覺，當然他們說沒關係，畢竟我也不是故意的。

可是，為什麼我在前面會說「因禍得福」呢？因為在那次之後，我又發生了一次類似的事件，但是這一次運氣稍微好一些，我順利坐在馬桶上排泄，不過問題來了，誰幫我清潔呢？

因為不想再次拉緊急鈴請工作人員來協助，這樣又要把他們從睡夢中吵醒，似乎不是很妥當，所以我就這樣在廁所想了很久，甚至也有一個「不擦屁股」的糟糕念頭跑出來，但我終究沒有這麼做。人在絕境的時候總是會做出一些突破，我想，上廁所沒辦法擦屁股跟上廁所沒有衛生紙擦屁股，都一樣是某種程度的絕境了吧？但是我卻做出了意想不到的突破；我的左手幾乎是沒有功能的，沒有辦法抓握東西，當然衛生紙就更不用說了，所以沒有辦法像一般人拿衛生紙做擦拭的動作，所以那天我在廁所掙扎許久要不要按緊急鈴叫醒工作人員的時候，眼前那包滿滿的衛生紙讓我瞬間有了一股衝動，我決定來嘗試看看可不可以自己擦屁股！

這絕對是一個愚蠢的想法，衛生紙連拿都沒有辦法拿，還做什麼擦拭的動作，所以一開始我成功抽了四張衛生紙放在自己的大腿上，試圖拿起來放在手上，我成功的把它們從大腿上移到左手，可是下一秒，紛紛掉落地上及馬桶，因為沒有抓握的功能，沒有辦法抓著紙。但是我不死心，應該說沒有退路，因為我不願意吵醒工作人員，所以我一再一再的嘗試，當衛生紙用掉三分之一左右的時候，我成功的把衛生紙放在手上，做了些微的清潔，但是過程就不特別敘說了，怕讀者會覺得噁心。我逐漸找到了方法，當然，因為不能拿著衛生紙做擦拭這個動作的關係，我比一般人需要用到更多的衛生紙，但是我卻跟過去一樣，終於可以自己擦屁股了！（不過隔天馬桶排水確實有些堵住，我前一晚的嘗試，掉了太多衛生紙進去了。）

其實我相信這樣的一件事情對這個世界上大部分的人來說都是簡單的，但就是這樣一件這麼簡單的事情，我卻需要不斷的嘗試再嘗試，以往是爸爸媽媽教會我如何擦屁股，但是卻沒有人、沒有任何教科書上教現在這樣的我，該如何擦屁股，一切都要自己慢慢摸索，慢慢思考新的方法。

這件事我當時開心了好久，開始跟身邊的人宣傳我可以自己上完大號並且清潔了。尤其是跟我的家人說，因為上廁所是我們每一天都必定會做的事，所以他們也特別擔心這個問題，了解我的家人知道我一定常常怕麻煩別人所以憋著，不管是小號還是大號。爸爸甚至還為了這件事去請教一些沒有手的人，他們是如何自己清潔的，看看能不能讓我也適用那些前輩的方法，結果我居然自己試出來了。家人們頓時安心了許多，至少不用這麼擔心我在外面萬一想上廁所，卻沒有人在身邊幫忙時怎麼辦。

我的生活是這樣一步一步慢慢的重新建立起來，失敗似乎已經是種常態，但是我相信自己不會永遠的失敗，因為願意嘗試，每一次的失敗就成為了最好的養分，奠定成功的那一刻。

6. 蕩起感動的漣漪

二〇一六年十二月二十三日，我的第一場校園演講，在位於新店區的興福國中進行，至於為什麼我會受邀去分享我的生命故事呢？這一切的開始可以說非常的奇妙。

早在住院時期，就曾經有許多長輩跟我說，將來我的故事會鼓勵很多人，所以也希望我有機會的話一定要分享自己的故事，可以為社會帶來更正面的能量。其實，剛開始我聽到這些的時候是很疑惑的，甚至也沒有太多的反應與想法，別人眼裡的「敬佩」與「不可思議」，我自己是看不到與感受不到的，我不會自滿的覺得：「哇！黃博煒你超猛，這樣都能活下來，超厲害。」我不是一個自以為是的人，我只是為了活下來而做了自己想要的選擇，並且努力的對我的選擇負責，認真的生活這樣而已，真正了不起的是醫生與醫療團隊才對。

所以剛出院的時候，我並沒有特別想往這方面去發展，也不會特別主動去跟別人說我的故事，每天就是努力的復健，想要讓自己可以儘早恢復。某一天，陽光之家的工作人員大芳接到了一通電話，對方說是學校的老師，想要邀請我到他們學校去演講，分享我的生命故事，這時候大芳就好奇了，想知道對方是從哪裡得知我的消息，因為一般想聯絡我都會打電話到陽光基金會詢問而不是陽光之家，這是第一次有人直接打電話來找我。大部分人普遍知道的是基金會的電話，甚至有些並不知道有陽光之家的存在，所以就很好奇對方怎麼會直接打電話來。

老師說：「我本身住新店，今天看到黃博煒先生自己一個人過馬路，去買一些食物跟飲料，看到他這樣這麼勇敢的上街，我很感動，也曾經在新聞上看過他奮鬥的故事，令人動容，所以想要邀請他來我們學校分享。」

果然不出所料，是附近的居民，所以才知道在這裡有個陽光之家，直接就打電話來了。那一天，我聽到大芳跟我說對方會找我去演講的原因，我笑一笑的說：「不是啊！我過個馬路買飯也有事哦……哈哈。」

就這樣，我開始了我的第一場演講。

那一場的主題我還記得是：「用一場意外，喚回生命的感動。」因為我希望能夠傳達給台下的弟弟妹妹一個很好的生命態度。我為了這個演講做了非常多的準備，時間是十二月二十三日，但是我早在十月份就開始準備，因為我很緊張，總共有九十分鐘的時間，我不停的在想我該講什麼好，以前大學報告上台十五分鐘就已經不知道該報告什麼了，更何況是九十分鐘，還有兩三百位的國中生，有人跟我說「你就講你的故事就好了」，我當然知道啊！可是這遠非想像中的容易，難怪人家都說「台上一分鐘，台下十年功」，這真的不容易。一開始，我並不太知道如何掌握PPT的頁數，所以總共做了五十頁，還有一篇上萬字的逐字稿，每一頁跟每一個字都是自己完成的。但是當天演講時，我突然發現一件事就是「我很忙」，沒錯，我整個過程需要不停的按下一頁，還要一直想自己事先擬好的稿，變得很緊張，有時候還會突然停下來，因為我呆呆的在想稿子。

但是那一次底下的同學非常的專注，整整九十分鐘都很認真的聆聽，這讓我很感動，很難想像這是一群十三到十四歲的孩子，他們的專注力連我自己都覺得慚愧。回想起大學與同學在大禮堂聽演講的時候，我們都還

會打瞌睡或者滑手機，絕對比不上這群國中的孩子。底下是當時他們聽完後給予我的回饋

同學甲：「我覺得你能夠撐過來真的是非常不簡單，很厲害的。因為我們都知道不是急救完就沒事，還有很長很長的復健。那對我來說這麼痛的過程我可能堅持不下去，或是我醒過來發現我都沒有四肢了，我好像生活中所有的事情都不能做，我會覺得很挫折撐不下去。但是，聽完博煒哥哥你的故事以後，我自己如果在未來遇到困難，我會想起你，知道有人比我更努力，所以我也要繼續的努力。」

這是一個高高帥帥的男生，我想他應該是校草等級的吧！我也跟他說，我相信他絕對會做得比我更好。

同學乙：「我學到如果以後有地方發生火災，我會過去救人，如果我真的也受傷了，我會學習跟你一樣，努力的生活。」

擁有這樣願意救人的想法很棒，但是當然我也跟他說，凡事先以自己的安全為主，不要讓自己受傷了。

同學丙：「博煒哥哥你好，我是某某某。今天聽完你的演講之後我突

然覺得心情變得很好，因為我發現原來這個世界上還有這種，即使只有5%的存活率，可是依舊可以活下來。甚至可以像現在這樣跟我們分享你的經歷，那我覺得自己在課業上還有生活上遇到的困難，那算什麼？就是覺得說，如果以後我遇到困難，我是不是也該繼續撐下去，不要就是說：『啊！就算了。啊！就放棄吧！』所以，我很謝謝你今天來，讓我以後變得更開朗。」

這是一個可愛的小女生，我很佩服她主動舉手回答的勇氣，而且她的回答真的深深的觸動到了我。

原來，我的故事不是只有對我自己有意義，我努力復健，拚命的恢復，想要找到屬於自己的一套生活方式，想要減輕家人的負擔，一切的一切原本我以為只有對我跟我的家人有意義，現在我終於知道為什麼在住院的時候那些長輩會跟我說「將來你的故事會鼓勵很多人」，因為我奮鬥的故事對於這個社會，是可以帶來許多正向的能量的。

在另一場演講裡也發生了很感人的一件事，我在學校演講尾聲的時候

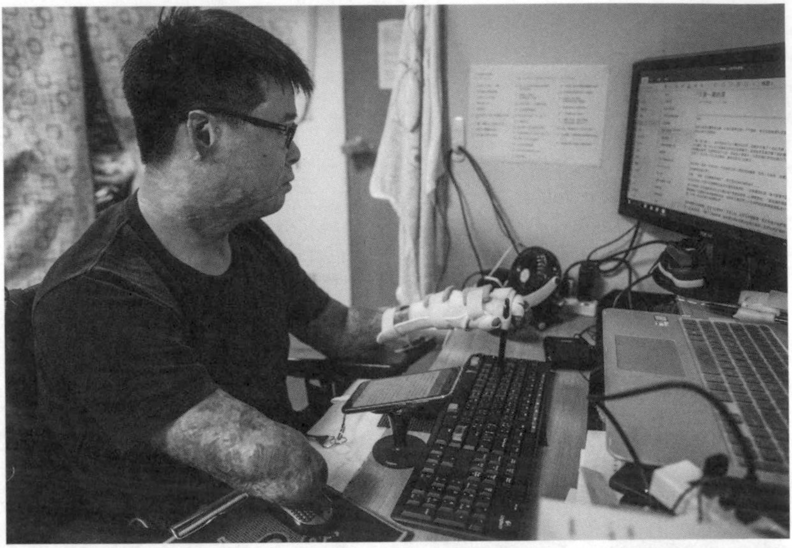

每一份演講的PPT與演講稿，都是我自己準備與製作的。就如同這本書全文總共約九萬字，每一字每一句都是我自己用觸控筆，一個字一個字慢慢敲出來的，都是來自於我生命中最真誠的體悟。照片中就是我平常在打字的畫面，沒有了手指的功能不表示就無能，雖然需要花費的時間是以前的好幾倍，但是只要有心，終究是可以完成的。我努力的準備，是希望帶給大家最好的博煒。（攝影/陳楚睿）

問同學：「有沒有同學願意現在就到舞台前，立刻打電話給你的爸爸媽媽，然後跟他們說『我愛你』的呢？」馬上就有同學自願到台前來，在五百人的大禮堂上打電話回家跟媽媽說：「媽媽，我愛妳。」她的媽媽突然在孩子上課時間接到電話嚇了一跳，但也馬上回應她：「媽媽也愛妳喔！」『媽媽很愛很愛妳！』當下我內心非常的感動，我的故事似乎又多祝福了一個家庭。

做這件事對那位同學她

們家有什麼影響呢？我相信這位同學與她的父母，一輩子都不會忘記她們在這一天打了這通電話，可能就是這通電話，使她們的家庭關係更緊密，改變了她們的相處模式，甚至因為我的故事，讓她們更珍惜彼此也說不定。

幾次演講下來，我發現自己很喜歡那種可以感動他人、改變他人、鼓舞他人，為他人生命中帶來正能量的感覺，我覺得這是一件非常有意義的事，這也是後來我決定寫下這本書的原因。一場演講或許只有幾百人可以聽到我的故事，但是透過出書我想能夠讓更多人看到，進而影響更多的人，向世人展現生命的各種可能，讓漣漪持續擴散，為他人生命中帶來正能量，這就是我黃博煒所存在的價值！

截後日常IV　至少你還在

二〇一七年五月二十四日，這一天的早晨讓我非常難忘。

這天早上，我從陽光之家出門要去搭捷運到台北復健，在樓下等紅綠燈準備過馬路的時候，突然碰到一個媽媽牽著還不到三歲的小女孩向我走了過來，我微笑的看著她們。

媽媽：「妹妹，跟哥哥說加油哦！」

我非常開心，加油打氣其實不管聽幾次，依舊悅耳，我由衷的感激。

但接下來卻發生了讓我難以忘懷的事：媽媽配合妹妹的身高蹲了下來，望著我，突然媽媽哭了起來……她告訴我，她很懷念她已經意外過世的孩子，這不是她第一次看到我，好幾次看到我都想跟我說說話。

媽媽：「對不起，我控制不了我的眼淚，即使幾年過去了，我還是很想我的孩子，我剛剛早上出門前在家裡也在哭。」

接著，她轉身對妹妹說：「妹妹，謝謝妳早上拿衛生紙給媽媽。」

妹妹沒有說話，直接給了哭得很傷心的媽媽一個擁抱。

我的眼眶泛紅，這是一個讓人難以忘懷的畫面，或許妹妹還很小，不知道媽媽哭的原因是什麼，但卻如此善解人意，那個擁抱很溫暖，源自於妹妹對媽媽的安慰。

媽媽告訴我，其實每次她在家裡哭的時候，妹妹一定都會過來給她擁抱，她的心情也是因此才平和了一些。

媽媽帶著哭腔說：「我每次看到你這樣，都會想到我過世的孩子，雖然你受傷很嚴重，但是至少你還在。我不知道你的父母怎麼想的，但如果是我，我覺得還在就好，因為失去的這個痛，即使過了好幾年，我依舊心好痛！」

我說：「嗯，沒有錯，我的父母跟媽媽妳想的一樣，至少活著，就好。」

聽完我的話，媽媽再次眼淚不停地流下來，但是臉上已不再只是悲傷，掛著微微的笑容，在旁邊的妹妹再次擁抱了媽媽，媽媽邊摸著妹妹的頭，邊跟我說她很感謝有這個小天使來到身邊，一直給她溫暖的鼓勵，我想這個孩子對媽媽的意義一定非常的特別。

我：「我想我們在彼此的人生中都遇到了很大的難關，一定不好過，但是我們一定要努力的過。」

我們微笑的彼此對望，擦擦眼淚說：「我們都要加油，一起加油！」媽媽與妹妹揮揮手向我道再見，我們再次往各自的人生前進。

那位媽媽的一席話，再次提醒著我：「至少你還在。」是的，離開了是心中永遠的痛；留下來，是有機會撫平意外的傷痛，有機會讓你愛的人、愛你的人，再次感到幸福！

這是一個難以忘懷，充滿愛與幸福的早晨，謝謝「媽媽」與「妹妹」妳們出現在我的面前，讓我再次感受到活下來是多麼美好、多麼幸福！更謝謝與「媽媽和妹妹」的相遇，您與孩子的故事很有價值、很有意義，我們一起鼓舞了很多人！謝謝妳們！

7. 願這個世界，因為我，有一點不一樣

「卡內基訓練」不知道大家是否聽說過？我有。早在受傷以前，我就曾經聽說過「卡內基訓練」，只不過了解的並不多，我知道的是上這個課程，價格明明不便宜，要好幾萬塊錢，但是每一年卻有非常多的企業及公司，出錢讓員工、主管去上這個課程，可見這個課程一定非常有價值。

這是二〇一七年陽光基金會所推出的發展性方案其中一項課程，當時我一看到「卡內基訓練」時就很有興趣，當天晚上馬上上網查資料，進一步的了解這個課程上的是什麼。網路上非常多關於卡內基訓練的資訊，我才知道原來這個訓練早已存在超過百年，在一九八七年的時候由黑幼龍先生引進台灣。很多上過此課程的人的分享都說「物超所值」，雖然學費不便宜，可是學到的卻非常值得，甚至連股神華倫．巴菲特（Warren Buffett）都曾經上過此課程，還說：「卡內基訓練是我這輩子拿到最有用的文憑。」讓我覺得這一定對我的人生有所幫助，沒有過多的猶豫，隔天馬上就報名參加此課程。

我所報名的是「戴爾卡內基班」，我想要提升自己溝通與人際關係上的能力。在第一堂課我們的老師Grace要我們訂定自己的突破計畫，並且寫下在經過這九堂課後，想要成為更怎麼樣的人。我寫的是「我要成為更有影響力的人」，因為希望自己的生命故事，可以影響更多的人。突破計畫有五項：「更強的自信」、「融洽的人際關係」、「良好的溝通能力」、「處理壓力，積極正向」、「卓越的領導」，老師要我們列出自己在生活及工作上想要突破的是什麼，這是我當時所為自己訂下的計畫：

「更強的自信」

受傷後，在往獨立生活方向努力的路上，每當我想要挑戰新事物時，總是因為肢體的殘缺而容易被他人質疑我是否真的能做到。

突破後，我要讓自己成為，無論他人如何質疑及不看好，我都始終堅定自己目標的人，如果某件事大家認為因身體殘缺所以無法達成，那我就要成為第一個完成的人。

「融洽的人際關係」

演講分享時，每一場勢必會遇到不同年齡不同族群的人，我要讓自己與台下聽眾互動時，不會只有與自己年紀相仿者能聽懂，而是面對不同年齡不同族群，我都能讓對方真正進入到我的故事裡面。

「良好的溝通能力」

由於身體的不便，時常會尋求他人的協助，但往往結果並不如我所預期。

我要讓自己擁有更良好的溝通能力，使得尋求他人協助的時候，能夠讓對方清楚明白我所需要與想要的，達到最大的效益。

「處理壓力，積極正向」

直視面對壓力，不選擇壓抑自己，讓自己像一顆未爆彈，而是適當透過一些休閒娛樂來釋放。

「卓越的領導」

以身作則，自己一定要做到自己所說的一些話，言行一致，提高自己的說服力。

這些就是我在第一課堂就為自己訂定的突破計畫，我很明白自己想改變及學到的是什麼，很多人雖然鼓起勇氣報名來參加這個課程，但是卻抱持著一種「我人來了，我看你們可以改變我什麼」的態度來上課，那我想他能夠改變的一定有限，這不是像在學校上課，教的不是國英數，而是人生的一些價值觀及待人處事，沒有人會逼你學習，能夠有多少的成長完全取決於每個人自己，所以打從第一堂課的時候我就在想「我要如何從老師身上挖到東西」，參加此課程不就是希望能盡可能的改變自己嗎？

九堂課之間，我正好有六場演講，是一個實踐課程所學的好機會。演講我才剛開始啟程，我並不是一個天生的演說家，我知道，如果真的想要讓自己的演講可以幫助更多人，比起八仙塵燃社會性的名聲，更重要的是演講者的內涵。我希望用自己的故事去影響更多的人，那麼想要更具影響力，勢必要學習的東西還很多，剛好六場演講讓我有許多練習的機會。

我原先最大的困難是在於每一場演講遇到的年齡及族群都不太相同，而今天我所呈現出來的表達方式，是底下這個族群聽眾能夠了解的嗎？

所以我運用卡內基的一條原則：

「真誠地試圖以他人角度去了解一切。」

我開始試著思考，如果我是坐在台下的聽眾，今天看到這樣的一個截肢傷患，我想聽到的是什麼樣的故事呢？當我開始朝這方面去想的時候，發覺自己好像更有方向了。我是國中生的話，想要聽的不是生生死死，這對我太遙遠我聽不懂，我反而想知道台上的大哥哥是怎麼過生活，有什麼休閒娛樂；我是年長者的話，我想要知道的是，經歷這場意外後演講者與家庭的關係，父母要如何學著放手，是怎麼樣共同努力打起精神繼續向前邁進的。

我就是這樣一步一步慢慢的調整我的演講內容，六場演講族群都完全不同，可是當我站在他們聽眾立場想以後，我發覺自己似乎準備得越來越順利了，而且漸漸做到我想要的，就是能夠給不同族群的聽眾，都可以聽到自己想聽且適合的演講。

當然，我所修的「戴爾卡內基班」並不是針對演講而設計，更多的是在於人際關係與溝通的技巧。我覺得上這個課就像是脫離自己原有的舒適圈，強迫自己去做改變，讓自己成長。像第一條原則是「不批評、不抱怨、不責備」，這樣的道理我相信大部分人都懂，但是真正能做到的人真的少之又少，而上這個課就是為了要改變自己及一些生活現狀，所以老師要我們設定好自己的對象後，開始實行。一開始其實很彆扭，我所設定的實行對象是新的外籍看護——阿吉，因為是二十四小時的相處，所以我最想改善人際關係的就是她，希望能夠讓彼此相處得更融洽。

我會說彆扭是因為，平常有時候她事情沒有做好，我習慣性的會唸她一下，或者處理得不夠好，我也會直接批評，要求重新做一次。然而，現在要突然強迫自己用委婉跟友善的方式，真的可以說有苦難言啊！像是昨天洗好的衣服忘記晾了，現在卻要用很溫柔的聲音說：「阿吉，沒關係下次要記得哦！」

水打翻了要輕聲說：「阿吉小心哦！趕快擦乾就好哦！」

天啊，這對我絕對不是容易的一件事情，尤其在受傷後，由於肢體障礙的關係，時常需要阿吉協助，而當她做的不是我要的結果時，我總會不自覺的批評與抱怨，而她的心情當然也會不好，沒有誰喜歡被責備的。

然而，當我開始實行「不批評、不抱怨、不責備」的時候，我發現我與她之間的氛圍似乎慢慢的改變了。雖然起初她做錯事，我都只能用友善的語氣來請她改善，心裡是滿腔怨氣想爆發。可是幾天實行下來，我發現自己似乎沒有那麼多怨的情緒在心裡了，反而有些習慣自己不用責備的方式對待她。而神奇的是，我發現阿吉工作上變得更謹慎了，有些小細節過去總是要我提醒，像是清洗水壺要用小刷子清理瓶口與吸管，洗衣服把毛巾與衣服分開避免棉絮黏在衣服，諸如此類的一些生活小細節，反而不需要我一直提醒就會記得做，比起之前改善了很多。

甚至某個星期六的早上我要早起去卡內基上課時，她睡過頭了，一起出門的時候已經比原先的時間晚了半小時，其實當下我去叫她起床的時候我真的很想罵人，因為前一天晚上有特別交代她隔天需要早起，晚上不要太晚睡，記得調鬧鐘，然而，到了十點多我還看到她在客廳滑手機。結果，隔天果然睡過頭了，連鬧鐘都忘記調，氣人的是我打她手機居然是靜音（我與阿吉不住同房間，陽光之家有男女分區），真的讓我快要爆發，想破口大罵。但是我想到我正在實行卡內基的一些準則，而且就算我罵她也於事無補，時間不會回來，花時間罵人倒不如用來趕路。

等阿吉刷牙洗臉換衣服的時間，我先打電話通知老師我會晚點到，以免老師擔心。一路上我靜靜的沒什麼說話，阿吉也是一臉的歉意，跟我說了幾次對不起。等到我上完課要回去的時候，阿吉問了我：「老闆為什麼早上你沒有罵我？」

我看了她，嗯！她知道自己做錯什麼事。

我：「阿吉罵妳我們就不會遲到嗎？」

阿吉：「一樣會遲到。」

我：「一定需要罵妳，妳才知道自己睡過頭是不對的嗎？」

阿吉：「不用，老闆我知道。」

我：「那就好啦！我幹嘛罵妳？」

其實在一開始她遲到的時候，我的心情絕對沒有這麼平和，很火大，我只是強迫自己忍耐，因為我想要遵照「不批評、不抱怨、不責備」的原則來改變自己，不想破功。然而幾個小時過去了，下課後，當阿吉問起我來時，我發覺似乎也不是什麼大不了的事情。人都總有不小心遲到的時候，我相信她也絕對不是故意的。所以當她問起，其實我心裡已經沒有什麼情緒了。古人都說「忍一時，風平浪靜」，在這件事情上，我覺得自己好像上了一課。雖然我是因為在上卡內基，所以不想破功，當自己很火的時候強迫自己忍耐，但是也因為沒有罵她、指責她，我們相處是平和的，她也沒有因此覺得不開心，甚至擁有自省的能力，知道自己做錯事所以主動來詢問我，如果今天她沒有覺得自己做錯了，我想她不會來問我為什麼沒有罵她這個問題了。

其實不管是前面提到阿吉在生活上一些老是忘記的小細節，還是遲到這件事情，我發覺自己套用上課後的一些原則，真的改善了彼此的關係。即使我們是不同國家，風士民情跟語言都不一樣，但是人與人之間的那份溫度，是相通的，沒有誰喜歡被斥責，而且我自己有想過，如果是我辛辛苦苦到這麼遠的國家來工作，也一定希望自己能夠遇到一位好老闆，不想要整天被唸被責備，對阿吉來說勢必也是相同的。

另外一個對我非常受用的原則是：「唯一能自爭辯中獲得好處的方法，是避免爭辯。」

一開始我對這句話的意思不是很明白，在經過老師解釋與我閱讀書本後，我才知道這是多麼大的一個智慧，底下是書中的一段文字：

班哲明・富蘭克林說：「假如你爭論、痛擊，或極力抗辯，有時是可以得到勝利。只是，那是很空虛的勝利。因為對方永遠也不會對你心服口服。」

我看到這段文字整個超級認同，因為八仙塵燃事件在社會上一直有許多不同的聲音，正面、負面的都有，有時候我覺得自己很委屈，被冠上一些比較偏激的名詞，甚至也有人直接用社群網站私訊我，對我指責與謾罵，也有人在新聞報導底下留言，什麼「去死，不要拖累家人」、「90％燒傷根本醜八怪」、「終身無用」等等的言詞。

當然，其實我一直都沒有很在意，一方面是因為友善的加油打氣還是佔了多數，另一方面是我覺得我人生過去的二十幾年他們都未曾參與過，只是在八仙塵燃事件後，透過隻字片語的新聞來認識我後，隨意下的定論，似乎根本不需要太過於在意。雖然所有言詞我都看在眼裡，但是並沒有給我造成很大的困擾。不過畢竟，年輕氣盛，有時候真的也挺想要回應他們，跟他們解釋或者回擊他們。但是我從來沒有做過，因為我想到了卡內基原則與班哲明・富蘭克林所說的那段話。縱使我現在回應他們我贏了

學無止境。我在卡內基學到更多待人處事的道理及積極努力生活的人生觀，也更明白自己要走的方向，「我要成為更有影響力的人」。圖為我與黑幼龍先生在卡內基訓練30週年慶活動。

又如何，我告訴他們我受傷前是多麼努力、有多少證照，跟他們想像的不同，那又如何呢？對方在電腦前就會認同我嗎？不會，或許對方沒有辦法反駁我，但是心裡絕對是很不爽，不服氣的，因為我說的那些「過去」，他們都未曾看到過，那又如何能夠讓他們信服呢？

所以我就告訴自己，我要做一個可以讓別人信服的人，不需要爭辯，而是透過努力後實際的成果來讓別人信服。兩年前發生意外很多人覺得我或許開始復健，開始接觸這個社會的現實面就會受不了自殺；認為我都只能仰賴別人，什麼事情都做不了，是一個廢人。兩年時間過了，這些流言蜚語不攻自破，我不需要做任何的回應，因為我現在活得漂亮，活得精彩，就是最棒的回應了。

卡內基課程在我的人生當中真的是很重要的一課，就在我焦躁不安的重新開始學習重返社會，如何用這樣的身體與人互動、溝通；在我正開始決定好好發展演講，分享我的生命故事來激勵更多人的這個人生轉折點，很幸運的接觸到了卡內基，給了我許多新的觀點與啟發。學校教的是專業知識、國英數等等，但是卡內基教的是「人生」，教我許多學校學不到的事情，告訴我許多前人累積下來的人生哲學，雖然，這裡面的原則還有非常多都是我還沒有辦法百分之百做到的，但是我很慶幸我知道自己需要改進，需要成長的地方是什麼。

每一種課程的存在都有其價值與意義。能夠存在那麼久勢必有它的原因，但是無論什麼樣的課程，最根本的是自己的態度，在於你選擇用什麼樣的態度來上課。想要成為什麼樣的人，取決於每個人自己所花的努力。

這條路我還在持續努力著，「我要成為更有影響力的人。」

8. 三四一七公尺上的最美風景

築夢合歡，挑戰登頂成功！

二〇一七年七月，我完成了人生中的一大目標與夢想，時間一直在流逝，而我也從來沒有停下自己的腳步。事發至今已經兩年多了，或許八仙塵燃事件在大部分人的記憶裡早已逐漸模糊，可是我忘不了，也許是說我懷念：

我的雙腳，我想「你們」了！

二〇一五年七月十三日，是我與雙腳道別的日子，決定截肢，為了拚那5%可能存活下來的希望……

「對不起，真的對不起，我必須做出決定，與你們說再見，也謝謝你們這二十二年來的陪伴與付出，我的左右腳們……」

是的，兩年前我不願到天上當天使，自己選擇賭上截去四肢的代價，換取那微乎其微的存活率，只為了可以「活著」！

「活著的美好，就是可以再次呼吸到這個世界的空氣，再次與愛我、我愛的人相聚在一起，再次感受這世界的精彩。」

我慶幸自己挺過這一切，珍惜這得來不易的人生。

只是，決定截肢的當時有很多人在網路留言裡提到或者告訴我：

「選擇放棄吧！活過來成了殘廢，還不如重新投胎。」

「放棄吧！90％以上燒傷，幾個月後，你開始復健，就會再次選擇去自殺了，別浪費時間，快投胎吧。」

「要為自己負責，趕快死一死，不要拖累家人和社會了。」

「黃同學，你知道嗎？大家都希望你去死，包括你的家人。」

這些全部都是曾經在網路上所傳給我的留言，而且這只是謾罵中的九牛一毛，許多更偏激的言詞，我都看過了。不過，我從來不做任何的回應，沒有特別生氣，也沒有特別的難過，因為我知道，我能夠「活下來」是多麼的不容易，也知道人生只有這麼一次，而我不只想活，還想活得精彩。

如今，兩年多過去了，這些留言早已不攻自破，他們所認為黃博煒的「截後人生」，早已顛覆他們的想像……

二〇一七年七月八日，我成功登上合歡山主峰！爬山，對一般人來說，或許只要稍微鍛鍊體力就可以做到，但是對身心障礙朋友，是遙不可及的夢想。對我，更是如此！這是一趟不可思議的旅程，但是，我黃博煒成功做到了！

話說緣起——

小曠老師：「黃博煒，今年七月來爬合歡山，要不要？」

我呆呆的看著她：「妳在說笑嗎？」

沒錯，我打從心裡面的疑惑著，就連在看文章的你一定也在想，爬山？怎麼可能啊！我也是這樣覺得，我沒有腳欸！可是看起來她又不像在說笑。

小曠老師：「真的啦！要不要？一句話！」

我：「可是……」

小曠老師：「別可是了，給我說好！」

我：「哦……好！」

就這樣，我半推半就的被小曠老師推坑，踏入了此次登頂合歡山的挑戰行列！

訓練之路

之一：團隊默契的挑戰

合歡山究竟長什麼樣子？老實說，我並不清楚。曾經有在電視上看過合歡山的美景，在受傷之前，也曾經騎車經過台14甲線，印象中有經過武嶺，看到許多人停車拍照，可是我沒有上去。當年身體健全，合歡山明明就近在咫尺，卻不曾造訪；而今天卻要用現在這樣殘缺的身體去挑戰，到底是要如何登山呢？即使我已經答應了挑戰，我和家人卻是滿腹狐疑，摸不著頭緒。

起初，我以為是加入某個團體，他們專門舉辦這類型的活動，我和家人只要報名參加就好，其他事情會安排好。直到第一次的見面會，才知道並不是我所想那樣，這群人，有些人是在見面會前已經認識，有些則是第一次見面，互不相識。還有幾位跟我一樣，是身心障礙朋友，我們都是此次活動的「挑戰者」。

主辦人希望挑戰者的家屬可以一同參與，不僅只是參加登山活動，還包括了在上山前的各項訓練與準備。對於主辦人提出的這一點，原先我有些猶豫，因為我怕麻煩家人，也擔心干擾到他們的生活，心裡多少有些顧忌。可是當整場活動結束後，我才明白為什麼當初主辦人要這麼堅持，原來這場挑戰，不只是對我個人很有價值，對我的家人也有非凡的意義，我們都得到了許多。

而此行中的其他志工，我們稱為「推手」，像小曠老師就是其中之一，這些人在各行各業各有專長，有急診專科醫師、攝影師、紀錄片導演、特教老師等等。他們沒有收任何的報酬，完全是自願參加幫忙，卻擁有非常多的熱情，投入這次的挑戰！在他們的眼光中，我重新看見了自己「活著」的價值，「原來我擁有願意挑戰自己的勇氣是那麼的重要！」是他們讓我知道，自己所做的事情與那份精神是很振奮人心的。對於這群推手夥伴的無私奉獻，我除了由衷敬佩，心裡真的是滿滿的感動！

培養團隊默契並不容易，因為這不是一個組織或團體，大家分別住在高雄、台南、苗栗、台北等地，兩個月內要彼此磨合、增加默契，想來都覺得困難度很高。所以，主辦人在臉書上成立了社團，讓所有人藉由文字與照片的自我介紹，可以做一個初步的認識。幾次的行前訓練聚集也很重要，我們實際找場地模擬、操演爬山可能遇到的狀況，常常大家都練到整個臉紅通通的，甚至有些人很喘，可是卻是充滿笑容的，我們享受這種同心協力往目標前進的快樂。每一次攝影師都會把大家汗流浹背的身影等照片，上傳至臉書社團上，我們都會彼此留言互虧，也互相打氣勉勵。平常時間我們也都會把各自的自主練習、增進體能訓練等等上傳臉書分享讓彼此都知道，縱使我們分散四處，卻都在為相同的目標一起努力。就這樣漸漸的大家越來越熟悉，原來的陌生感，好像也逐漸的散去。

活動當天，我們是在埔里的小七集合，有種感覺很奇妙，就是大家明明沒有見過很多次面，可是看到對方就感覺像是久違的家人，我的心裡變得踏實，也很放心的可以把自己交給這群團隊夥伴！

之二：抬扛推拉輪椅的挑戰

自從我開始使用電動輪椅之後，我覺得自己可以重新掌握活動自主性，重拾尊嚴的感覺很好！所以總是拒絕被別人抬這個行為，每當外出演講或參加活動時，我都一定會詢問是否有無障礙環境及斜坡板，這點非常的重要，對一般人而言或許會想說「沒關係你受傷我們幫你」，但是對於被抬起的那個人，心裡其實是不踏實與不安的，再一次失去自由與要擔心是否會摔倒等等，等於把生命安全交予他人手裡，這件事我想對任何人都不是輕易可以做到的，信任沒有那麼容易建立。所以，我非常不願意被他人抬起我的輪椅，可是參加登合歡的計畫，一定會需要做這個動作，對我來說學會忍耐與信任夥伴成為我的一大功課。

合歡山的高度有三四一七公尺，為了避免高山症，在我們登山的前一天，就會先開車到武嶺（高度有三二七五公尺）做高度適應，然後再下降到清境農場住宿。到武嶺之後，若要與武嶺牌樓合照，就需要爬上二十個階梯，左右寬度僅約一百公分，要完成這項任務，就只能被扛上去。我的輪椅加上體重，超過一百公斤，推手夥伴要如何執行任務？這絕對是一個困難的關卡。

我的推手夥伴和我的家人，前後共集訓了三次，無論是下雨天，還是豔陽天大家都是沒在怕的。集訓時，先是練習抬起輪椅扛著走，訓練路程包括上下樓梯、走一般平路、有高低起伏的土坡，及跨越一些障礙物等等。抬我輪椅的一共有五位夥伴，分別在四個輪子與椅背後方，我們隨時都要注意路況，前方也有其他組的夥伴協助引導與指揮，整個團隊陣仗很大。我們練習了很多次，不斷的在討論與修改，默契的磨合並不容易。每一位抬的人步態與出多少力都很重要，怎麼樣才可以確保我的安全不從輪椅上摔下來，還有就是在跨越一些障礙物的時候，不造成太大幅度的晃動，因為這樣在上面的我會整個失去平衡，對下方的某一邊推手可能會因為重量突然加重，導致拉傷或者整個跌倒，這些都是我們要很小心的。來來回回練習了很多次，可是你們知道嗎？我從來沒有聽到誰在喊累或者抱怨，大家總是持續的加油打氣，讓我非常的感動。

練習過程中，主辦人甚至要我關掉電動輪椅的動力，改用手推模式，這是為了以防萬一，什麼時候輪椅會故障是無法預期的，可是訓練是可以提早準備的，主辦人設想得非常周全。在上坡路段，夥伴推動這一百公斤的重量已經很吃力了，還要擺上各式大小石頭當作路障，因為山上的路不會像柏油路一樣平坦。一個在前拉、一個在後推，訓練著推手們的默契，也訓練我對顛簸路面所產生不舒服感的適應力。下坡對推手也同樣不輕鬆，太快往下衝的時候會造成我很大的恐懼，同樣的也可能使推手受傷，所以他們不斷的在討論如何穩住輪椅，還有增加阻力，身體呈現什麼樣的姿勢才可以達到最省力又不受傷的方式。完成挑戰是必須的，但是彼此的安全才是最重要的。

之三：皮膚、義肢與行走的挑戰

雖然決定接受挑戰，可是坦白說，我心裡對這趟旅程還是有很多疑惑，畢竟現在的身體與以前不一樣。可是我想說既然已經決定要去，就要加倍努力復健，不敢說全程，可是至少讓自己可以穿著義肢走上頂端。

其實復健的這段時間，我的皮膚狀況不是那麼適合穿戴義肢，因為燒傷後的皮膚組織不穩定，使得我的腳在進行義肢訓練時，經常會不停地反覆破皮、流血，每次一有傷口我的訓練就必須暫停打住，等皮重新長好。

可是照原先的義肢訓練，爬合歡山是不夠的，所以治療師為我訂立新的訓練計畫，增加了站立以及穿戴義肢的時間，出乎意料的這一次皮膚很給面子，一次又一次的加強訓練居然都沒有破皮，讓我這幾個星期都可以持續的訓練，這讓我感到很驚訝，因為從來沒有一次像現在這樣可以不中斷的練習。雖然我每一次站起來都需要承受非常大的劇痛，但是那又如何呢？我心中滿滿都是成功往目標更進一步的喜悅！

六月底接近上山的時間，除了我自己承載義肢的訓練，老師還要求家人數次前來陪我練習走路。由於目前使用的義肢屬於暫時性義肢，沒有膝關節，它無法讓我如同常人般行走，加上缺少手臂，我還無法掌握平衡全身，因此要有兩個人在我左右，好讓我用僅餘的殘肢搭掛在他們的肩上，讓我可以平穩的慢慢前進。除此之外，我們三個人的腳步也很重要，在經過多次練習之後，才找到彼此配合的方式，不停討論誰先向前走，誰在後面，而我要如何跨出步伐，還有當走上右高度的土坡時，沒有關節如何抬高腳的角度才能順利找到施力點與旁人一同踏上去站穩，都經過了好幾次的討論才成型。

而這樣的練習，不只是在平常復健的中心，登合歡山的前一晚，我們晚上在住宿的地方，推手夥伴和家人輪流模擬登頂草坡的狀況，想像在狹窄的路徑上，高低落差不一的情況下，困難度肯定更高，而我們要怎樣調整彼此的步伐、萬一配搭者身高不一又是如何？登頂前一晚，我們還在練習，還在增加彼此默契，就為了做好萬全準備，迎向明日的挑戰。

登峰之路

之一：武嶺牌樓

在武嶺牌樓前的合影，內心感觸很深！數年前曾經到訪，但是經過得匆忙，沒有真正上來牌樓，而如今要再爬上來，是集眾人之力，夥伴推手們彼此齊心協力，才一起完成，這樣的意義完全不同，我們都在彼此的生命中留下美好的一刻。

之二：登山口

合歡山主峰的登山口，有一座長長的柵欄，擋住車輛，也擋住了輪椅進出。望著這個阻礙，我無法想像，就算我的家人開車載我來到這裡，我要如何進入山林？我要如何登頂享受山上的美景呢？

幸虧行前訓練中的抬、扛、推、拉很扎實，比起上牌樓的樓梯，這個相對容易一些。推手夥伴將我抬起，從旁邊的小縫成功跨越，一次到位，我們忍不住大聲歡呼！帶著最喜悅的心情準備往目標前進。

之三：登峰之路

跨越柵欄之後，到達合歡主峰之前，是長達一．八公里的戰備道路，有些路面的邊側是鋪有水泥的。據說，這是目前唯一一座可以使用輪椅登頂的高山，且難度相較其他百岳也較容易些。我的皮膚因為燒傷所以無法耐受紫外線，一路上我不停的補擦防曬乳，用超大草帽遮陽，左右手還有雙腳都套上防曬袖套。原本前一天我們有些擔心會下雨，因為我們在武陵牌樓拍照到後面的時候就下起大雨，登山好手說山上的天氣是說變就變的，很難掌握。所以，登山當天我們起得非常早，前段路程還有些雲，可是沒多久後，我們運氣非常的好，雲散了，留下的是爆炸藍的天空，真的很美，我眺望遠方那一層一層的高山綠映，把這樣的美景記在心中。

可是，在經過幾個髮夾彎之後，我發現輪椅的電力已耗去三分之一，可能是因為一直在爬坡的關係，為了不讓下山時沒有動力，我們決定關閉

3

4

1.每一步都需要與兩旁的夥伴溝通好，慢慢的向前走。(攝影/吳雅雯)
2.步步艱辛，卻步步喜悅，因為我就快登頂了。(攝影/吳雅雯)
3.路不並不平坦，走起來比平常更痛，但是又如何呢？有這樣一群願意共同努力的夥伴，再痛我都願意咬牙完成。(攝影/吳雅雯)
4.瞭望山上的風景，好美，一切的努力都是值得的。回頭看自己走過的路，步履崎嶇，還是被我給征服了。(攝影/吳雅雯)

電源，改用手推的方式。畢竟，下坡若沒有電力控制輪椅，會增加夥伴更大的困難。這時候我特別慶幸，「哇！原來行前訓練每一項都是必須的」，計畫趕不上變化，好在我們的準備很充足。大家一邊笑著聊聊天，彼此輪流推，累了就換下一個人，時不時就有攝影師來捕捉我們這同心協力的畫面，我也總是用最大的笑容回應著。

抵達上面的平台之後，距離登頂的牌子還有一小段路，可是那是無法用輪椅移動的，要嘛再次抬扛輪椅，要嘛就我穿義肢走上去！

主辦人和小組長觀察地形之後，決定了路線，再次詢問我的狀況，選擇哪種方式登頂。當然，打從一開始，我就決定了，「我要走上主峰」，這個決心從未改變！

當我套上義肢，藉大哥二哥的肩膀使力，用力一撐，成功的站起身來，開始跨出我的腳步。每一步都要很小心，我不斷的盯著地面，由於地勢並不平坦，所以一定都要站穩了才可以走下一步，而且這比起平常訓練要痛得多，因為路面狀況更不平坦。大哥二哥同樣很辛苦，需要很專注才能一方面在狹窄的草徑中找到他們的站立點，一方面配合我的腳步適時調整前進的速度。小組長在我們前面指引路線，攝影師們前後左右跟拍，記錄這難得的一刻，爸爸則和其他推手扛著我的電動輪椅，從旁邊的路徑先到主峰就定位。

整段路我不停的聽到耳邊傳來「黃博煒，加油！黃博煒，加油！」，那是其他組的推手夥伴與挑戰者及他們家屬的打氣聲。

那樣的聲浪盤旋迴盪在三四一七公尺的合歡山山頂，大空炸藍、箭竹翠綠、陽光耀眼……

很美，這是我走過最美的一段路，我被群山環繞，被大家的愛所包覆，我的內心澎湃激盪不已。

合歡主峰，在我的家人做我的左右手臂之下，我成功的用「我的雙腳」「走」上去了！我臉上盡是藏不住的笑意，家人和夥伴的眼中早已淚光閃閃，這是一個非常大的里程碑。對一般人而言，或許這樣的旅程只是人生中普通的一小步，卻是我的一大步。失去雙腳後的兩年，我用別種方式，再次邁開自己的步伐，走上頂峰，縱使步步艱辛，卻是步步喜悅。

「黃博煒你做到了！」，人生就該不斷的挑戰再挑戰，突破再突破。我要活得精彩，珍惜這活下來得來不易的機會，勇敢的闖蕩這個世界。（攝影/吳雅雯）

後記心情——

老實說，我平常做復健練習，幾乎都是站立十五分鐘就得休息，這也是我第一次走這麼遠、這麼久。受到主辦人的激勵，為了這即將達成的夢想，當下我就想：

「痛算什麼？破皮又如何呢？管他的，跟它拚了！哈哈！直接硬操我的腳，我要突破！」

以前在義肢練習的時候，如果照這樣的狀況操，我的腳肯定會起水泡，但是，告訴大家好消息，就是這次這樣強力的操，卻沒有半點傷口，真是覺得超開心的！超不可思議！

合歡山，我記得是電影《破風》的取景地，我也一直很喜歡裡面的一句話：

「有志者，不是從不失敗，而是從不妥協。」

我們所有人的人生，一定都有不容易，一定都充滿了無數的阻礙與挑戰；我們不會因為四肢健在，而永遠一帆風順，也不會因為身體有障礙，而再也什麼事都不能做，不是嗎？

每個人都有自己的關卡要過，我們選擇不了自己的樣子，我們改變不了一些既成的事實，但是我們能夠改變我們的態度，我們能夠選擇讓自己努力，不是嗎？

所以我特別喜歡「有志者，不是從不失敗，而是從不妥協」，這句話也不斷勉勵著我，即使前方有無數的障礙，即使失敗了無數次，我都要繼續勇往直前！

這趟旅程，對我來說像是奇幻之旅。

這兩天帶給我很多體悟，尤其從其他挑戰者身上我也學到許多。雖然我本來就漸漸學會珍惜自己所擁有的一切，但現在我覺得自己更應該要積極、要更努力！

還有就是這一群推手夥伴，明明是陌生人，卻像家人般的和諧，彼此互相幫助，互相關懷。不求回報，無私奉獻，為的就是一起登上主峰那一刻的喜悅。

夥伴們分享說：「唯有接受挑戰，脫離原有的舒適圈，才會看見奇蹟。」

真正的阻礙，不是環境，不是身體，而是我們的「心」。放寬自己的心，跨出那一步，擁抱這個世界吧！（攝影/陳建弘）

與夥伴們分享此次旅途的感想。滿滿的感謝說不完，心情的愉悅全掛在臉上，不虛此行啊！（攝影/陳建弘）

沒有錯，我能活下來，是奇蹟！但我更想活得精彩，創造更多的奇蹟。

我原本以為山上這些所有的美景，被大自然擁抱的感覺，我這輩子再也沒有機會「親身體驗」了，但是我們成功了，完成「築夢合歡」。

真的很感謝推手夥伴們無私的幫助，讓「不可能」變成「可能」，我永遠不會忘記這趟旅程，助人者們帶給我滿滿的能量、溫暖和回憶。

這趟旅程，銘刻在心！

後記及感謝

兒時曾經在國文課本內讀到文學家陳之藩先生的作品《謝天》，文中提到：「無論什麼事情，得之於人者太多，出之於己者太少，因為要感謝的人太多了，不如謝天吧！」

受傷後這一路走來，我遇到的貴人很多，多到無法細數，需要感謝的人真的太多太多。我一直覺得自己是幸運的，我總把這場意外視為這一輩子必經的苦難，只不過是來的時間早與晚罷了。我常常在想八仙塵燃該是我生命中的「阻力」還是「助力」呢？我在這場意外裡學到的許多是別人或許一輩子都不會學到的生命經歷，有些事實我已經改變不了，但這些生命經歷卻可以成為我人生更紮實的基石，而且受傷後我沒有更脆弱，反而擁有更強大的一顆心，我覺得這場意外反而是一種助力。

很慶幸我沒有從此一蹶不振，我沒有整天無限的懊悔與沉溺在事發的當下，這場必經的劫難，沒有把我打倒，反而讓我學會了「珍惜」、「轉念」、「永不放棄」。

感謝當日在現場所有的救難人員，無論是消防醫護人員、善心的民眾，謝謝你們，你們是真正的英雄。

感謝新光醫院及台大醫院的醫師與其醫療團隊，縱使只有5%的存活率，依舊全力以赴的救治，且為活下來的我細心呵護，才能使今天的我活得漂亮，感謝你們。

感謝新北市政府一直以來的關心與協助，這場意外是史無前例的，市府的許多人員第一時間趕往醫院探訪與陪伴，無疑是給家屬一劑強心針，一路上的陪伴也讓人覺得踏實。感謝你們。

感謝陽光基金會對我的照顧，陽光就像我第二個家，重新學習如何過生活都是在這個家開始，無助的時候陽光就成為了我另一個重要的避風港。感謝你們一直以來給予我這麼多，我也會繼續的向前邁進。

感謝明志科技大學讓我順利畢業，完成生命中一大里程碑，人生這條路我會一直走下去，成為明志的驕傲。

感謝所有社會上對我的關心與祝福，你們對我的每一個幫助都是很有價值與意義的，因為兩年多以來的時間，我都不停的在努力讓活下來的我變得更好，活得更精彩，你們的付出沒有白費，真的感謝你們。

最後，我想感謝我的家人。千言萬語說不盡我內心的感恩，但是「有你們真好」，家人始終在我身邊陪伴著，從來不要求什麼，從來不強迫我做什麼，總是全力支持我所想做的事情。我其實沒那麼勇敢，但是是因為你們讓我知道，無論我做了什麼，我在外面如何闖，家永遠都在，你們願意做我一輩子的後盾，是你們的力量使我堅強起來。虧欠你們的一輩子也還不完，但是我活下來了，我有很多的時間可以彌補一切，努力並不夠，我會全力以赴，讓自己沒有白活，精彩的過每一天，我不要讓我的爸媽以後介紹我時必須說：「我有一個殘障的兒子」，而是可以很驕傲的說「我的兒子是生命鬥士」。

人生起起伏伏，沒有誰的一生是一帆風順的，這一路上我們都會遇到許多的困難與挑戰，縱使四肢健全的人依舊會有許多的考驗與難關，但是不論人生帶給了我們多少的困境，只要我們願意，都能寫出美好的篇章。

我是黃博煒，我的故事才正要開始！

祝福　勉勵　向前走

知道博煒要出書，大家都為他高興。博煒真的站起來了。八仙塵燃是個公安歷史慘劇，當初面對這麼多年輕人嚴重燒傷，我們心情沉重。內人常說，人在最軟弱無助時，要心誠謙卑向神求助。除了盡最大力量救治，我常祈禱：請賜給醫護人員及病人力量，讓大家平安回家。祂真應允我們的請求。

博煒有堅毅求生鬥志，但也應體會到父母、親人、朋友及社會各界給的愛心關心，伴他慢慢走入社會的力量，迎向未來。博煒走出死亡陰暗幽谷，重現正氣陽光。博煒，祝福你。

（新光醫院整形外科主任　林煌基）

急重症護理是高壓的職業，需要在照護的挑戰中不斷的學習；當我問護理師八仙塵燃迄今你們還記得什麼？回應的都是博煒明亮的眼神與堅強的求生意志，博煒的努力是護理師們辛苦付出最大的回禮，如同他所說「再給一點時間，我一定會成為你們的驕傲！」。

博煒所寫的不是悲慘少年的回憶錄，是強而有力的生命教育，作為新一代醫護人員的人文滋養元素，細細品味——我是黃博煒，我的故事才正要開始！

（新光醫院外科加護病房護理長　施玉珊）

「博煒，我是爸爸，醫師說為了維持生命必須把你的手和腳做部分截肢，因為你現在受傷很嚴重有可能隨實需要進行急救，你要接受急救嗎？」當時你強忍著全身疼痛以及插管的極度不適，還是勉強睜開雙眼並且用力點著頭！爸爸堅定告訴醫師說博煒自己有著堅強要活下來的意志，我們要積極治療不放棄任何一線希望！這就是我們現在大家看到的博煒，用正向、積極迎接每一個旭日東昇，很高興也很期待即將看到博煒如何從華路藍縷走出屬於他的碧海藍天！

（新光醫院整形外科病房護理長　莊麗敏）

第一次遇見博煒的時候，是在查房的某一天早上，一個年輕人四肢截肢躺在床上，天啊！這是如此殘酷的事實，沉默片刻，心想他來找我是因為還有燒傷傷口久久未能癒合，傷口不癒合是小事，但在他心靈深處的傷，要到什麼時候才能癒合？此時想起來，我的擔心是多餘的，博煒是一個非常勇敢、樂觀、求上進、且對生命充滿著希望的年輕人。

不久，他出院了，第一次門診時，我認真的告訴他：「你的復健要有計畫，復健生活化，重新學習獨立生活，不能每天依賴他人過日子，等待捐贈義肢的到來。」，只見博煒面帶微笑頻頻點頭，我不知道他是否有聽進去，但是，今天他終於要出書了，與大家分享他如何熬過這段艱難的日子，書中必有珍貴的人生經驗值得大家學習，且先睹為快。我想他的努力，他的勇氣終於有不平凡的成果，成果得來不容易，希望他更為珍惜自己，愛家人，愛朋友。在這裡我祝福他的未來更為燦爛，前途無量。

（臺大醫院燒燙傷中心主任　楊永健）

每當博煒駕著電動輪椅駛過辦公室門前，挺直的身板、爽朗的笑聲，元氣滿滿地訴說著近況，不由地覺得活著真好！

人的一生，幸運不是天定、吐息不是必然，若有人問我如何才能反轉逆境，我會推薦博煒的書，相信大家必定能從中找到勇氣與力量繼續前行，活得精彩。

（臺大醫院燒燙傷中心護理長　林秀華）

哈佛醫學院Spaulding復健醫院的slogan（標語）是：「Find your strength.」（找到你的力量）。我很高興博煒不僅找到自己的力量，現在更發揮他的力量來激勵別人！

從博煒還在新光住院時，就一路陪著走到現在。兩年多來的漫長醫療復健之路，看著博煒從全身滿是傷口在病床上無法動彈，經過無數的手術、住院、重建、復健，到現在已經可以穿上義肢爬上合歡山頂、獨自出門並自理絕大部分的日常生活，也開始裝配練習使用電子手，實在是有著令人欣慰且驕傲的長足進步。這段艱辛歷程中的許多部份，我們曾一起走過，感觸更加深刻。全身燒傷加上三肢截肢一肢神經壞死，博煒可說是世界上復健最困難也最具挑戰性的患者之一；但他不放棄生命、不放棄希望，以他驚人的毅力和勇氣持續奮鬥克服困難，達成了許多別人覺得他不可能做到的事—這就是他值得學習的strength！期許博煒能夠用自身的故事和成績，激勵和影響社會上更多需要勇氣和力量的生命；也期待未來在更先進的義肢裝具技術的輔助下，博煒可以走得更好、更穩、更遠。

Keep finding your strength！

（臺大醫院復健部主治醫師　林昀毅）

二〇一五年的八仙塵燃讓我在復健病房認識一群勇敢且可愛的鬥士，很榮幸能在臺大復健的歲月參與學習照護這群夥伴，而最初認識的黃博煒應該是來自電視新聞吧！「只要活著就有希望」，是博煒一向勇敢的理念，記得在復健病房博煒帶著傷口仍需進行復健訓練，同仁能感受到他永遠陽光的一面，即使面對其他病友或家屬的關愛眼光，依舊正向並鼓舞他人，也因此常讓許多長輩感到不捨；住院期間縱使自己傷口狀況或肢體復健未見改善，仍對醫護人員配合與關心，也與團隊合作下努力康復出院。相信出院後的博煒一直努力著，努力為自己或家人、或為其他需要幫助的人。很開心博煒能將生活點滴撰寫出一篇篇短文，相信心思細膩的他，能同時鼓勵需要受關懷的他（她）人，只要活著就有希望、只要有希望就能活出精彩，祝福博煒。

（臺大醫院復健病房護理長　王芊蕙）

用「勇者無懼」來形容博煒是再恰當不過了，從事件發生時的努力求生、面對生與死的抉擇，到後來回歸校園重拾書本等的歷程，都證明了他是一個永不輕言放棄的勇者，就像博煒說的「我的故事才正要開始」，希望他的故事可以激勵更多的人心。

（新北市市長　朱立倫）

雖然探望過博煒多次，也與他深聊過，但看完由他親筆的心路歷程，仍忍不住掩面欲泣，一個正值青春洋溢的生命，在肉體遭受烈焰焚灼，又面臨截肢的生死抉擇，博煒都一一挺過來，我不敢說是天將降大任於斯人也，因為我同樣有在大火中失去摯愛的傷痛，因此格外能感同身受，但無論如何，活著就有希望，活著就有無限的可能，博煒，祝福你！

（新北市副市長　侯友宜）

如果人生是一張考卷，「我要活下去嗎？」是燒傷面積超過90%的塵燃病患最困難的一道選擇題，然而，博煒用生命勇敢堅強地寫下自己的答案。他的心中，只有加法、沒有減法，不去思考自己少了什麼，而是積極學習，將經驗分享給更多需要的人。衷心的希望博煒能繼續振筆直書，用亮眼的人生成績鼓舞更多人。

（新北市政府社會局局長　張錦麗）

回顧八仙樂園救災當晚，現場瞬間湧出大量傷患，鄰近醫院急診室大爆滿！消防隊不斷問要送到哪個醫院？為搶時間救傷患，我拿出手機緊急聯絡各大醫院院長，逐一拜託務必把院內急救儲備容量釋放出來！

在燒傷照顧急性期挹注大量行政資源及各醫院全力救治下，雖創下全球矚目3%低死亡率的醫療奇蹟，但有2、3位因傷勢嚴重迄今仍需高度照護，博煒就是其一，如何協助他恢復生活自理至未來就業是我們持續努力的方向。

博煒未來的路上每一步都是挑戰，但我見證他堅韌的生命力，相信將為他自己扭轉不一樣的人生旅程！！

第一次見博煒是在新光醫院，疲憊焦慮的黃爸引導下，眼前看到的他，截除三肢全身體無完膚，戴著黑框眼鏡直瞪著天花板沈默不語。

（新北市政府衛生局局長　林奇宏）

當下極度震驚與不捨！年輕的生命遭受重大身心創傷，活下來但接下來該怎辦？心裡盤算著如何幫助即將出院的他銜接醫療復健。

看著博煒出院，肢體復健，自己操控電動輪椅外出，甚至試著獨立生活，社會參與。從他身上，見證了自助人助的「生命鬥士」！博煒的勇氣，激勵人心!!!

（新北市政府衛生局主秘　林美娜）

上帝總是會指定特別的人來教導我們，

詩人亞歷山大波普為牛頓寫下了這段話：「自然與自然定律，在黑夜裡隱藏；上帝說，讓牛頓來，於是，一切化為光」。

近來年輕世代缺乏對自己與未來的信任與夢想，而這似乎是博煒的重要使命。

（新北市輔具資源中心主任　楊忠一）

其實，我一開始也很難想像博煒要怎麼用電腦打字，但就像他當時很神秘的不先透露行程，後來也就完成了合歡山登頂。隨著博煒術後出院、復健、找尋合適的輔具、義肢，每次與博煒的談話中，發現他以正面的態度面對生活，逐漸地找到人生方向，並且勇於嘗試各種挑戰，樂於分享人生經驗。現在，博煒要用自己的故事告訴我們，只要你願意，人生還有更多的可能。

（六二七燒燙傷專案管理中心主任　林高立）

八仙塵燃事件，無疑是許多個人、家庭的劇痛！

但是，我也看見許多傷友在這兩年中，走過傷、痛、失落、復健、復原、重新找到自己的夢想動力和發展，閃耀出每位特有的生命亮度——博煒就是其中一位！

雖然他的身體毀型最為嚴重，我卻沒見過他憂愁或喪氣；使用電動輪椅的他，在八仙生活營對著同伴說「我還在努力追著大家」的不懈力量，深深迴盪在大夥兒的心坎……

這本書寫下他這兩年的種種嘗試與心境，令人耳目一新！

而我相信他的截後人生從不設限，祝福博煒的未來，繼續精彩可期！

（陽光基金會執行長　舒靜嫻）

在陽光工作，總是可以看見不同的生命力，但博煒，令人驚艷！在這麼嚴重的受傷後，不抱怨不自憐，開著電動輪椅自在的穿梭於你我之間。我想到聖經的一句「我雖然行過死蔭的幽谷也不怕遭害」，為博煒的生命力獻上掌聲！

（陽光基金會台北重建中心主任　涂育嫺）

博煒，跟你一起工作這一年來，與你一起經歷許多開創性的冒險，從描繪夢想的雛型、一步一步蒐集資料、一字一句敲打鍵盤，一點一滴著磨自己的感受……你有著資訊工程師的理性思維，卻也蘊藏著細緻深刻的情感，以至於讀你的文字，常令我感動！

謝謝你一直勇敢地活著，而且有著不妥協的韌力……在你登上合歡主峰的那個片刻，我告訴自己——有甚麼困難的事是不能跨越的呢？黃博煒都做到了，我有甚麼不能！

謝謝你，被我激勵接受挑戰，同樣的，你也如此深刻的鼓舞了我！這是一股超越自己的漣漪與循環……

六二七之後的截後人生這才剛開始！祝福你，成為更好的自己！

（陽光基金會社工總督導　曠裕蓁）

博煒，在復健過程中看到你對於生命永不放棄的毅力，祝福你持續挑戰自己，活出更精彩的人生！

（陽光基金會復健總督導　蕭鳳儀）

博煒，是位堅強又有理想的孩子，歷經八仙塵燃受傷後，更激發他對自己不放棄與現實搏鬥的精神。在復健重建的過程裡，博煒對每項復健目標的專注與超越，也激勵周遭傷友們，相信他的堅持與努力，會一直締造出屬於自己的精彩人生。

（陽光基金會台北重建中心復健督導　陳偉修）

你有自產的力量與冷靜的頭腦，人生就沒有什麼可以限制你了，
與苦難拚搏，用你活潑的生命力。
用意志攀登，喚醒每一個機會，持目標定見，一次又一次突破現狀；
讓黃博煒的活著，成為永久的驚奇！

（陽光之家主任　杜秀秀）

接觸過很多傷友，博煒是我主責的小孩，也是我看過身體限制最多，獨立性卻是最強的傷友，原則上他沒有讓我操太多心！

認真，積極，總是接受每個當下的自己，是我在他身上嗅到的氣味。很開心可以成為他的工作人員，與其說是服務他，還不如說是我從他身上學習到許多。

（陽光之家生服督導　溫芳志）

博煒是明志科技大學絕無僅有的校友，大三校外實習那年發生的重大意外，從嚴重火刑的痛苦中，以截去雙腳和右手的代價沾了下來。師長們擔心的許多事情，卻都奇蹟似的被博煒自己內化了，不但很快重返校園、完成學業，畢業典禮

上更示現了「我不是受害者，我們都將成為倖存者」的爽朗笑容和自信。

有西哲說過「人最大的無奈，在於無法用理智去了解：生命是無條件的有意義」。這種一閃即隱的真理，在博煒劫後重生殘缺的身型上，如水晶般晶瑩剔透，一目了然。

生命的意義可以來自態度，而博煒陽光般的態度絕對是one of a kind，令人敬佩。

（明志科技大學校長　劉祖華）

孟子說：天將降大任於斯人也，必先苦其心志，勞其筋骨，餓其體膚，我想博煒經歷的事情，百千倍於此，而今博煒將其親身的體驗及心路歷程，附之文字，讓大家能了解這些事是如何影響一位日正東昇的年輕人。

由於八仙塵燃，讓我接觸到博煒，第一次和劉校長在新光醫院見到他，也認識了博煒身後支撐他的父親。這一對父子，或是這個家庭，歷經了這麼多的苦難，沒有被擊倒，反而活出自己的一片天，真是太令人感動。

博煒天生的樂觀，使他面臨生死關頭時仍然能堅強樂天的活下來，光這些事就令人驚奇，而復健時更以積極的態度去完成學業，並進一步充實自我，我只能說：學弟，我以你為榮！

上帝為你關上門，一定會為你開一扇窗，正是博煒的寫照，加油！博煒，讓明志以你為傲！

（明志科技大學校友會理事長　許逢麒）

這是一本「生命影響生命」的書，家人的愛與承諾讓生命充滿希望的曙光，更能創造生命的奇蹟。懷著珍惜擁有忘卻失去的心就能看見豐富與美好，減少多餘的痛苦就能堅強的活下去。

（明志科技大學學務長　張麗君）

國家圖書館出版品預行編目（CIP）資料

但我想活 : 不放過 5% 的存活機會 , 黃博煒的截後人生 / 黃博煒著 . -- 初版 . -- 臺北市 : 蔚藍文化 , 2017.12
面； 公分
ISBN 978-986-94403-9-4（平裝）

1. 黃博煒 2. 臺灣傳記 3. 自我實現

177.2 106021959

但我想活

不放過5%的存活機會，黃博煒的截後人生

作　　者／黃博煒
社　　長／林宜澐
總 編 輯／廖志墭
編輯協力／林韋聿、宋元馨
校　　對／陳佩伶
書籍設計／Hong Da Workshop
內文排版／藍天圖物宣字社
出　　版／蔚藍文化出版股份有限公司
地址：10667臺北市大安區復興南路二段237號13樓
電話：02-7710-7864　傳真：02-7710-7868
信箱：azurebooks237@gmail.com
總 經 銷／大和書報圖書股份有限公司
地址：24890新北市新莊市五工五路2號
電話：02-8990-2588
法律顧問／眾律國際法律事務所　著作權律師／范國華律師
電話：02-2759-5585　網站：www.zoomlaw.net

印　　刷／世和印製企業有限公司
定　　價／320元
ISBN 978-986-94403-9-4

初版一刷／2017年12月
初版十一刷／2021年4月